La guerra de Secesión estadounidense

Un apasionante resumen de la guerra entre Estados

Tabla de contenidos

Introducción

La guerra de Secesión (o guerra civil estadounidense) se ha convertido en uno de los momentos más definitorios de la historia de Estados Unidos. Ni siquiera había transcurrido un siglo desde la Declaración de Independencia, adoptada en julio de 1776. Desde que obtuviera la independencia y existiera como nación soberana, complejos problemas sociales, políticos y económicos habían ido creciendo silenciosamente en Estados Unidos. En lugar de abordarlos, el país se distrajo con distintas prioridades, principalmente adquirir nuevos territorios y convertirse en una superpotencia regional. Sin embargo, en la década de 1860, la división en el seno de la sociedad estadounidense alcanzó su punto álgido. La nación se desintegró en cuatro años de sangrientos conflictos e inestabilidad, que costaron la vida a más de un millón de estadounidenses.

En comparación con otros conflictos importantes de Estados Unidos, la guerra de Secesión ocupa un lugar especial en el corazón de los estadounidenses. La guerra fue un punto de inflexión en el siglo XIX y cambió por completo el rumbo del país. Las consecuencias de la guerra de Secesión aún se dejan sentir hoy en día, ya que el país es quizás el más polarizado desde hace mucho tiempo. Algunos lo comparan con la infame división Norte-Sur. A pesar de la inmensa importancia de la guerra para la historia de Estados Unidos y, en gran medida, del mundo, muchas personas fuera de Estados Unidos desconocen lo que ocurrió hace casi 160 años.

Este libro pretende abarcar la interesantísima historia de la guerra de Secesión estadounidense y explicar los acontecimientos que tuvieron lugar. El libro no solo proporcionará una visión general de los principales acontecimientos que dieron forma a la guerra de Secesión estadounidense, sino que también explorará muchos detalles que a menudo se omiten cuando se habla del conflicto.

La primera parte del libro estará dedicada a la situación que existía en Estados Unidos antes del comienzo de la guerra en 1861. Abarcará los acontecimientos que condujeron a la extrema agitación sociopolítica del país a finales de la década de 1850 y hablará de algunas de las principales diferencias entre los estados del norte y del sur. También tratará el importantísimo concepto del «destino manifiesto» y cómo influyó en el crecimiento de Estados Unidos durante la primera parte del siglo XIX. A continuación, centraremos nuestra atención en la guerra entre México y Estados Unidos, la cuestión de Texas y los efectos que estos acontecimientos tuvieron sobre la esclavitud. Por último, hablaremos de los procesos políticos de la década de 1850, que intensificaron las tensiones entre los estados del norte y del sur, y exploraremos la gravedad de la división dentro del país.

La parte central del libro trata del conflicto en sí. Explora el relato cronológico de la guerra e introduce a las figuras que se hicieron un nombre. El libro también cubrirá todos los teatros de la guerra con gran detalle, empezando por los frentes este y oeste en el corazón de Estados Unidos hasta los teatros Trans-Misisipi, Pacífico y la costa baja cerca del golfo de México. La guerra de Secesión estadounidense sigue siendo el mayor conflicto librado en Estados Unidos. Profundizar en los detalles de las campañas es fundamental para comprender cómo se desarrolló la guerra a lo largo de los años.

Por último, se hablará del desenlace de la guerra y de su final. Explicaremos las circunstancias que condujeron a la victoria del Norte sobre el Sur y las etapas finales del conflicto. A continuación, descubriremos las consecuencias inmediatas y a largo plazo de la guerra de Secesión. También mencionaremos la reacción internacional que siguió al final del conflicto. Examinar estos efectos es crucial para comprender la influencia que tuvo la guerra en Estados Unidos y en el resto del mundo libre.

La guerra de Secesión se percibe como un conflicto en el que el bando que luchó por los valores de la libertad, la democracia y la igualdad social consiguió salir victorioso. Además de ser un punto de inflexión en la historia de Estados Unidos, también es uno de los enfrentamientos ideológicos más populares del siglo XIX. Hasta cierto punto, la guerra era inevitable —se podían ver las tensiones entre los dos bandos desde una milla de distancia—, pero este factor, unido a muchas otras razones, es la razón por la que esta guerra ocupa un lugar especial en el corazón de los estadounidenses. Así pues, sumerjámonos en la guerra de Secesión estadounidense, uno de los conflictos más reconocibles de la historia.

Capítulo 1 – Los Estados Unidos del siglo XIX

Echemos un vistazo a algunos de los problemas existentes en el panorama sociopolítico estadounidense, desde principios del siglo XIX hasta la década de 1850, la que precedió a la guerra de Secesión. Nos centraremos principalmente en la lucha ideológica presente en el país a principios del siglo XIX, además de describir la estructura económica general de Estados Unidos. Los historiadores suelen discrepar sobre cuál de estas cuestiones es la verdadera «causa» de la guerra de Secesión. Sin embargo, en lugar de centrarse en cuestiones individuales, es mejor ofrecer una visión general de la situación que existía antes del inicio de la guerra.

El país de los libres y los diferentes

Como muchos historiadores han reconocido, Estados Unidos en el siglo XIX estaba organizado de forma diferente a otros países del mundo, algo que incluso notaron los contemporáneos europeos que visitaron los Estados por aquel entonces. Esencialmente, Europa había dado origen a los Estados Unidos y a la sociedad estadounidense, pero los Estados Unidos no seguían el modelo de los Estados europeos. Los movimientos prodemocráticos de finales del siglo XVIII en Estados Unidos iniciaron una oleada de revoluciones nacionalistas en toda Europa, que caracterizó al continente durante todo el siglo XIX.

Esta extraña relación simbiótica existía entre el Viejo y el Nuevo Mundo, pero solo estaba presente en Estados Unidos y no en otras sociedades coloniales o poscoloniales europeas como, por ejemplo, Canadá y México. Estados Unidos aún se estaba forjando, tanto cultural como socialmente, cuando comenzó la guerra de Secesión en la década de 1860. También estaba evolucionando en sus singulares estructuras políticas, que definieron en gran medida al país desde su independencia en 1776. La sociedad estadounidense tomó mucho prestado de las sociedades europeas, pero intentó cambiar todo lo que tomó prestado a su manera.

En el siglo XIX, el país aún intentaba encontrar su lugar en el mundo. Estados Unidos había nacido en circunstancias especiales. Tras siglos de colonización y dominio exterior, el antiimperialismo era innato en el corazón del estadounidense medio. Su odio hacia Gran Bretaña y el rey Jorge unió a la opinión pública estadounidense, en su mayor parte, durante la guerra de la Independencia.

Este sentimiento antiimperialista condujo a la promoción de la libertad. Sin embargo, quedó claro que el antiimperialismo no podía ser el único factor de cohesión de la sociedad estadounidense. Así pues, la mayor parte de principios del siglo XIX se dedicó a forjar una nueva y singular identidad estadounidense que tomara los principios democráticos liberales sobre los que se había fundado el país y los mezclara con los valores europeos fundamentales para crear algo distintivo. Gracias a una serie de factores, como los rápidos avances tecnológicos, la era de la industrialización y el aislamiento geográfico, los estadounidenses pudieron ponerse manos a la obra.

Prácticamente cada centímetro de Europa había sido explorado con gran detalle. No podía decirse lo mismo de Norteamérica. Aunque las tierras del continente se habían repartido entre franceses, españoles y británicos, a finales de la década de 1810 solo estos últimos tenían la ambición, por no hablar de los recursos, para hacer frente a Norteamérica. Europa se había sumido en una conmoción universal debido a las conquistas de Napoleón, lo que significaba que tanto Francia como España tenían que movilizar la mayor parte de sus recursos internamente, dejando desatendidas sus posesiones de ultramar. A su vez, esto provocó que los franceses vendieran sus territorios norteamericanos —más de dos millones de kilómetros cuadrados de tierra— en la famosa Compra de Luisiana de 1807 a los ambiciosos Estados Unidos. La Revolución mexicana expulsó a los españoles de la América continental en 1820.

El debilitamiento de sus rivales directos abrió el camino para que Estados Unidos arrasara el continente y reclamara para sí todo lo que pudiera. Había nacido el sueño de extender las tierras estadounidenses desde la costa este del Atlántico hasta la costa oeste del Pacífico. Esta idea se convirtió en una característica definitoria de la política exterior estadounidense del siglo XIX. El «destino manifiesto» se grabó en la mente de los estadounidenses. Era la creencia de que Estados Unidos estaba destinado por Dios a extender los ideales estadounidenses desde el este hasta el oeste.

Inspirados por esta idea «justa», los colonos estadounidenses invadieron el continente para intentar expandir los territorios estadounidenses todo lo que pudieran, colonizando primero el centro del continente antes de llegar a las lejanas y ricas tierras de California y Oregón. Los colonos resistieron en su divina misión de difundir las ideas estadounidenses de libertad, democracia y prosperidad, al tiempo que reclamaban para sí una inmensa porción de tierra. Persistieron a pesar de la resistencia que encontraron, desplazando por la fuerza a los nativos. Incluso estaban dispuestos a desafiar a los británicos por lo que creían que les pertenecía por derecho.

American Progress, una pintura que representa el concepto del destino manifiesto
https://commons.wikimedia.org/wiki/File:American_Progress_(John_Gast_painting).jpg

En cierto modo, la idea del destino manifiesto era una desviación del antiimperialismo. Podría decirse que fue uno de los primeros signos del imperialismo estadounidense, ya que mostraba las cualidades que se encontraban en todos los imperios del siglo XIX, como la colonización forzosa y la difusión de ideas. Sin embargo, para Estados Unidos, el destino manifiesto no era más que el cumplimiento de su destino, por lo que rara vez se cuestionaba su moralidad. La mayoría de la gente prestaba atención a la difusión de los principios liberales y democráticos en lugar de a las cosas feas.

El antiimperialismo fue sustituido por una forma de antieuropeísmo, que se identifica más claramente en la famosa doctrina Monroe de 1823. Se trataba de una política del presidente estadounidense James Monroe que establecía que Estados Unidos se opondría a la formación de cualquier futura colonia europea en el hemisferio occidental. A cambio, se mantendría neutral en los asuntos europeos. La doctrina Monroe se fusionó con el concepto de destino manifiesto: este último era la creencia de que Estados Unidos estaba destinado a colonizar el resto del continente por sí mismo, mientras que el primero garantizaba que Estados Unidos sería el único que podría hacerlo. Ambas reflejaban relativamente bien el sentimiento público de la época y prometían un futuro brillante. Además, también subrayaban el hecho de que Estados Unidos, a pesar de ser todavía un país relativamente nuevo, era ambicioso y estaba dispuesto a valerse por sí mismo, algo que lo situó en el radar de las grandes potencias europeas.

Incluso antes de que los conceptos de destino manifiesto y doctrina Monroe se hicieran oficiales, el país realizó un impresionante esfuerzo por establecerse como potencia regional. La guerra de 1812 fue la primera señal de que Estados Unidos era una fuerza a tener en cuenta, ya que los norteamericanos resistieron a las poderosas fuerzas británicas y mermaron la influencia española en la Florida española. Aunque los estadounidenses no salieron oficialmente victoriosos de la guerra, habían demostrado claramente que eran poderosos. Después de aquello, Estados Unidos no tuvo miedo de desafiar a Gran Bretaña por disputas territoriales. Aunque su rivalidad nunca desembocó en una guerra, Estados Unidos consiguió varios resultados favorables.

Uno de los mejores ejemplos del expansionismo estadounidense del siglo XIX es la guerra entre México y Estados Unidos, que terminó con una decisiva victoria estadounidense. México se vio obligado a renunciar a inmensas concesiones territoriales, aproximadamente un tercio de su territorio. La guerra comenzó por la cuestión de Texas, una provincia que se había separado de México y deseaba unirse a Estados Unidos como un nuevo Estado. Los estadounidenses se impusieron con facilidad a la recién formada República mexicana, plagada de problemas internos y con un ejército inferior. Como resultado, Estados Unidos se hizo con casi todo el Suroeste moderno, incluidos los ricos territorios de California y Texas. Al final de la guerra, Estados Unidos había cumplido en cierto modo su destino, ya que ocupaba el corazón del continente norteamericano desde la costa este hasta el océano Pacífico.

Así pues, la primera parte del siglo XIX fue un periodo productivo para la política exterior estadounidense. Desde principios del siglo XIX, Estados Unidos había desarrollado su identidad nacional en torno a las ideas de expansión continental y antieuropeísmo. Veamos cómo sus ventajas permitieron a Estados Unidos consolidar su posición como potencia regional.

La economía estadounidense del siglo XIX

A medida que pasaban las décadas tras su independencia, se hacía más evidente que la posición geográfica aislada de Estados Unidos estaba dando sus frutos. Su ventajosa ubicación, lejos de los centros de poder de los principales países europeos, significaba que Estados Unidos estaba relativamente a salvo de amenazas externas. No era necesario emplear sus esfuerzos y recursos en países que desafiaban su creciente poder e influencia. Así pues, no debe sorprender que la economía estadounidense, al menos en la primera parte del siglo XIX, creciera mucho más rápido de lo que algunos podían haber predicho. La seguridad que proporcionaba el aislamiento geográfico, unida a una población motivada para explorar y colonizar las desconocidas tierras salvajes del continente americano, significaba que había mucho por explotar con muy poca resistencia por parte de Europa.

Naturalmente, con un paisaje tan extenso por conquistar, a principios del siglo XIX se puso de manifiesto un importante aspecto económico: el beneficio que podía obtenerse de la deforestación. Los colonos estadounidenses salían ganando. Necesitaban tierras para asentarse y establecer bases agrícolas o industriales, por lo que había que deforestar enormes extensiones de terreno para hacer sitio a la expansión. Esto significaba que el país, además de sus ya vastas reservas de carbón y hierro, disponía de una enorme abundancia de madera y materiales madereros que podían utilizarse para producir energía, manufacturas y toda una serie de cosas útiles. A diferencia de Europa, donde la madera empezaba a convertirse poco a poco en un lujo debido al aumento de los niveles de deforestación (consecuencia natural de la industrialización), Estados Unidos tenía la capacidad no solo de utilizar libremente la madera que producía a nivel nacional, sino también de disponer de una cantidad importante para la exportación.

Los recursos naturales de Estados Unidos prometían un futuro brillante para la economía. A principios del siglo XIX, Estados Unidos aún dependía del Viejo Mundo, principalmente de Gran Bretaña, que siguió siendo el mayor socio comercial de Estados Unidos durante décadas. Sin embargo, este factor podría atribuirse a que Gran Bretaña inició la Revolución Industrial, ya que dio al imperio una ventaja natural frente a sus rivales. La industrialización de Norteamérica se produjo poco después, a pesar de que la mayoría de la población vivía en zonas rurales, consecuencia de habitar en un continente en gran parte inexplorado. En el sur del país, la población rural superaba en número a la que vivía en zonas urbanas. Por otra parte, esto significaba que las ciudades Surgían fácilmente en los nuevos territorios. Mientras tanto, en la costa este, Nueva York, Filadelfia y Boston dominaban la escena. El Medio Oeste estadounidense pronto empezó a cobrar importancia, con ciudades como Chicago y Cincinnati creciendo casi exponencialmente antes del inicio de la guerra de Secesión.

El auge demográfico impulsó aún más el crecimiento económico. Este auge se debió en parte al gran número de inmigrantes que llegaron a Estados Unidos procedentes de Europa. Buscaban una nueva vida, que prometía mejoras significativas respecto a la anterior. La población del país alcanzó los veinticinco millones en la década de 1850; a principios de siglo solo había cinco millones de habitantes. Era una mejora prometedora. Todo tipo de personas eran bienvenidas al país, independientemente de su edad o profesión. Muchos aspectos de la vida estaban aún en desarrollo, y todo el mundo podía hacer lo que más le conviniera.

La afluencia de gente significaba que era muy barato comprar tierras, las cuales abundaban. El gobierno había reconocido correctamente que las tierras públicas en su poder tendrían un mejor uso en manos del pueblo estadounidense. Vendían un acre (0.4 hectáreas) por 2 dólares no solo a los ciudadanos del país, sino también a los inmigrantes. Este fue uno de los mayores factores de motivación para que la gente se aventurara hacia el oeste y se estableciera allí de forma permanente. Aunque los nativos americanos ya vivían en la tierra, la frontera abierta fue probablemente un alivio en cierto modo bienvenido a las condiciones de hacinamiento en el este. En la década de 1860, el gobierno estadounidense había vendido unos ochenta millones de acres de tierra. Las personas que se trasladaron al oeste se sintieron felices de desarrollar sus posesiones a su antojo sin apenas regulaciones. El Medio Oeste estadounidense creció rápidamente en este periodo.

En resumen, la economía estadounidense nunca dejó de crecer tras lograr la independencia en 1776. Gracias a una serie de factores, como la abundancia de tierras y recursos, una mano de obra considerable y unas condiciones favorables, la economía estadounidense aceleró rápidamente el ritmo y empezó a ponerse a la altura de sus competidores en Europa. Sin embargo, hay un detalle vital del que aún no hemos hablado: el papel de la esclavitud.

La economía de la esclavitud

Los esclavos fueron fundamentales no solo para la estructura de la economía estadounidense del siglo XIX, sino también para muchas cuestiones sociopolíticas. A continuación, analizaremos las implicaciones económicas de la esclavitud.

Desde la época de la colonización, la esclavitud ayudó enormemente a los colonizadores europeos a desarrollar y mantener sus territorios recién adquiridos. Era innato que con la mezcla de culturas, etnias y religiones se formarían nuevas estructuras jerárquicas. En las colonias, la esclavitud era solo una parte de la jerarquía, pero no era desconocida para los habitantes del Viejo Mundo. Al fin y al cabo, los esclavos siempre habían sido el estrato más bajo de toda sociedad civilizada. A menudo ni siquiera se los consideraba personas o ciudadanos, sino posesiones o propiedades. En el Nuevo Mundo, los esclavos eran vistos de forma similar. Se los utilizaba en la agricultura, la minería, la industria, la construcción y muchas otras formas de trabajo.

Una familia de esclavos en Georgia
https://commons.wikimedia.org/wiki/File:Family_of_slaves_in_Georgia,_circa_1850.jpg

A veces resulta difícil comprender hasta qué punto existía la esclavitud en Estados Unidos, ya que en otros países se consideraba anticuada cuando estalló la guerra de Secesión. Como la esclavitud era una forma tan eficaz de generar ingresos, se consideraba uno de los pilares de la economía estadounidense. Esto era más evidente en el sur del país, que dependía mucho más de la esclavitud que el norte. Los estados del sur prosperaban gracias a la agricultura, y ganaban mucho dinero con sus vastas plantaciones, que eran explotadas por los mismos esclavos que poseían. A principios del siglo XIX, estaba más claro que nunca que la propiedad de esclavos era quizá el aspecto más importante del estilo de vida de los sureños. No solo determinaba la riqueza de los propietarios, sino también su estatus en la sociedad. Cuantos más esclavos se poseían, más poder se tenía.

Los esclavos vivían en condiciones terribles. Eran maltratados y separados de sus familias una y otra vez. Sin embargo, los esclavos dominaban la población de algunos estados del sur. A lo largo del río Misisipi, en Alabama y Misisipi, así como en Carolina del Sur y partes de Virginia, constituían la mayor parte de la población, llegando a representar cerca de la mitad de toda la población del sur. Por lo tanto, no es de extrañar que el sur dependiera en gran medida de los esclavos. Poseer más esclavos significaba trabajar más tierras, lo que, a su vez, suponía más ingresos directos. La mayor parte de la agricultura del país, tanto a nivel nacional como en términos de exportaciones al extranjero, se originaba en el sur. Con estos fondos, los propietarios de esclavos del sur intentarían ampliar su riqueza invirtiendo más. Comprarían nuevos territorios y adquirirían nuevos esclavos para trabajar sus propiedades.

Era un círculo vicioso y una empresa rentable con un gran retorno de la inversión. Es importante tener en cuenta que con el concepto del destino manifiesto cada vez más extendido, los propietarios de esclavos del sur se mostraban más inflexibles a la hora de reclamar nuevas tierras para ellos. No solo eso, sino que los ricos propietarios de esclavos, aquellos que poseían un centenar de esclavos o más, vivían probablemente de la forma más fastuosa de todo el país. Sus propiedades abarcaban decenas de hectáreas. Tenían lujosas mansiones, diversas plantaciones y granjas, y nada en el mundo de lo que preocuparse. A su vez, esto motivaba a los campesinos que no gozaban de los mismos privilegios a esforzarse por alcanzar el mismo estilo de vida.

A principios del siglo XIX, la próspera economía esclavista del sur la puso en competencia con el norte, que estaba abandonando lentamente la propiedad de esclavos y su dependencia de la agricultura en su conjunto. En su lugar, se centró en otras industrias, como la textil o la fabricación de maquinaria. En la década de 1850, los propietarios de esclavos del sur habían alcanzado la cima de su riqueza. Además de amasar fortunas vendiendo y comprando esclavos, el precio de mercado de sus productos, especialmente el algodón, aumentó casi exponencialmente durante ese periodo. Los sureños, al menos los que se encontraban en la cima del estrato social, podían obtener resultados asombrosos de sus inversiones de capital. Entonces gastaban su dinero en productos más lujosos y extranjeros.

El campo sureño era un espectáculo impresionante, con enormes territorios propiedad de familias individuales y decenas de esclavos trabajando sus tierras. Curiosamente, muchos plantadores sureños se enriquecieron tanto con sus esfuerzos que ya no necesitaban vivir en sus propiedades. En su lugar, podían trasladarse a zonas más urbanas, que surgían por todo el país. Podían trasladarse a las tierras recién adquiridas en el oeste o incluso abandonar el continente para disfrutar de una vida opulenta en Europa.

Estas eran solo algunas de las principales características de los Estados Unidos de principios del siglo XIX. Desde principios de siglo, una nueva identidad nacional basada en la expansión había ganado mucha tracción. Apoyado en una política exterior antiimperialista (o más bien antieuropea), Estados Unidos se veía a sí mismo como el único «protector» del hemisferio occidental frente a los viejos sistemas de los tiránicos europeos. Todo ello generó en la opinión pública un impulso por adquirir y modernizar más territorios que, según el destino manifiesto, los estadounidenses estaban predestinados a liberar. Con una población motivada y en gran medida unida bajo el mismo objetivo, no es de extrañar que la economía estadounidense experimentara un auge en la primera mitad del siglo XIX. La Revolución Industrial estadounidense pronto siguió a la europea, tomando prestado lo mejor de sus características y fusionándolas con su recién adquirida identidad nacional.

Aunque el crecimiento económico de Estados Unidos se vio respaldado por un auge demográfico y algunas décadas prósperas, la creación y el desarrollo de nuevas industrias y sociedades empezaron lentamente a dividir el país por la mitad. Esta división resultaría fatal para el futuro de Estados Unidos. Las grietas empezaron a formarse en el seno de la opinión pública estadounidense, y no solo se basaban en la geografía, sino también en diferencias sociales y políticas.

Capítulo 2 - El Norte y el Sur

En el capítulo anterior nos hemos referido brevemente a la división Norte-Sur, que empezó a hacerse patente en el siglo XIX. Las diferencias que surgieron entre los estados del norte y del sur se extendieron a casi todos los ámbitos de la vida, y su gravedad aumentó hasta alcanzar máximos históricos. La opinión pública estadounidense se polarizó enormemente y se dividió en cuestiones sociales, políticas y económicas cruciales. En cierto modo, Estados Unidos abandonó el espíritu optimista que había mantenido desde su independencia.

Este capítulo se centrará en los problemas que causaron una división masiva en la opinión pública estadounidense y describirá las diferencias en la vida ordinaria de los ciudadanos del norte y del sur del país. Estos problemas provocarían el estallido de la guerra de Secesión en 1861.

La línea Mason-Dixon

Antes de empezar a examinar las claras distinciones entre el norte y el sur, es vital comprender dónde empezaban y acababan realmente el Norte y el Sur. La frontera entre los dos bandos estaba clara en el momento de la guerra de Secesión, pero la geografía exacta del conflicto no puede considerarse totalmente como «estados del norte contra estados del sur». Por ejemplo, California, aunque situada al oeste del país, se consideraba un estado del Norte. La división entre el Norte y el Sur tiene implicaciones que van mucho más allá de la simple geografía.

La línea Mason-Dixon fue en su día una línea de demarcación que separaba los estados norteamericanos de Pensilvania, Maryland,

Delaware y Virginia. Adquirió una especie de significado simbólico décadas después de su creación en 1767 como línea de separación entre los estados del sur y del norte. A grandes rasgos, todo lo que estaba al norte de esta línea se consideraba un estado del norte, que compartía las mismas ideas sociopolíticas. Los estados al sur de la Línea Mason-Dixon eran los estados del sur, que a menudo mantenían ideas políticas opuestas a las del norte.

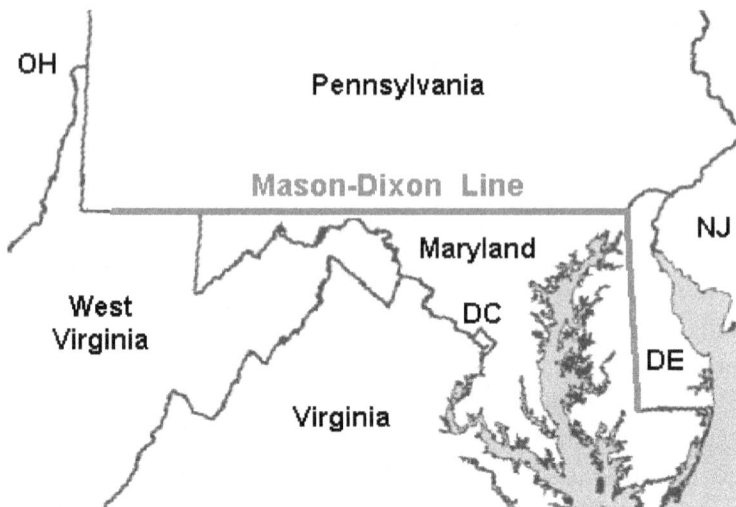

La línea Mason-Dixon
https://commons.wikimedia.org/wiki/File:Mason-dixon-line.gif

A lo largo de esta línea, empezaron a mostrarse las diferencias entre ambos bandos. De las Trece Colonias originales, siete de ellas —New Hampshire, Massachusetts, Rhode Island, Nueva York, Connecticut, Nueva Jersey y Pensilvania— estaban en el Norte, mientras que las seis restantes —Virginia, Delaware, Maryland, Carolina del Norte y del Sur y Georgia— estaban en el Sur. Sin embargo, esto no refleja con exactitud las posiciones de los estados durante el estallido de la guerra de Secesión. Por ejemplo, Delaware y Maryland se alinearon con el Norte, a pesar de estar al sur de la Línea Mason-Dixon original. Aun así, es un buen punto de partida para trazar una línea imaginaria entre los dos bandos.

La rápida industrialización del país y sus esfuerzos expansionistas en el oeste empezaron poco a poco a abrir una brecha entre las sociedades del Norte y del Sur. El proceso de industrialización se centró en gran medida en el norte en lugar del sur. Estados como Pensilvania y Nueva York fueron los precursores en adoptar y desarrollar nuevas industrias.

Sus sistemas económicos dependían casi por completo de ellas. Los vastos sistemas fluviales y de canales del norte permitían un transporte más rápido de los productos manufacturados, lo que hacía a la zona naturalmente superior al sur, más vasto y poco conectado. Connecticut se convirtió en un centro neurálgico para las industrias manufactureras de Estados Unidos. Estaba situado en la encrucijada de todos los estados del norte y tenía acceso a los ríos interiores y al océano.

Con la introducción de nueva maquinaria —una de las características más importantes de la Revolución Industrial—, muchos trabajos que antes se hacían a mano fueron rápidamente sustituidos, acelerando no solo la producción de bienes refinados a partir de materias primas, sino también el crecimiento general de diferentes industrias. La introducción de estas nuevas tecnologías transformó la economía estadounidense, al igual que había ocurrido en Europa décadas antes. De manera crucial, se adoptaron nuevos dispositivos agrícolas, como las atadoras y las segadoras, que aumentaron enormemente la eficiencia, compensando la escasez de mano de obra que asolaba el país. Además, la revolucionaria invención de la desmotadora de algodón en la década de 1790 facilitó el proceso de recolección, ya que redujo de horas a minutos el tiempo necesario para recoger una libra de algodón.

El sur, en cambio, había seguido siendo en gran medida rural y basado en la agricultura. De hecho, a pesar de ser ricos en materias primas, los estados del sur tenían que enviar todo lo que producían al norte para que fuera refinado y fabricado como mercancía. Luego, volvían a comprar los productos a precios más altos. En realidad, el sur no perdía dinero durante este proceso debido a los altísimos rendimientos de la agricultura y de la propiedad de esclavos, pero su dependencia de la industria del norte se hacía más evidente a medida que avanzaba el siglo XIX.

Como ya hemos mencionado, los muy ricos del sur se habían construido unas vidas tan lujosas como para que la mayoría del sur se sintiera motivada a seguir sus pasos, provocando así una ralentización general del proceso de urbanización. La mayoría de los sureños trabajaban como agricultores, y los productos que cultivaban los consumían o vendían localmente. Solo los que estaban en lo más alto podían exportar sus materiales en grandes cantidades a otros estados. En el norte, los ciudadanos empezaron poco a poco a trasladarse en masa a las ciudades y a trabajar por un salario. Mientras tanto, los sureños dudaban en renunciar al trabajo de toda la vida y abandonar sin más las explotaciones de las que se habían sentido tan orgullosos.

Este último factor resultó ser un grave problema. A pesar de que los sureños aspiraban a convertirse en ricos propietarios de esclavos y a disfrutar de fastuosas vidas en sus plantaciones, la mayoría de ellos nunca alcanzó los mismos niveles que los de arriba. La distribución de la riqueza en el sur era extremadamente desigual, y solo una minoría eran plantadores y propietarios de más de cien esclavos. En total solo eran unos 50.000, de un total estimado de cinco millones de personas. Per cápita, los ciudadanos del sur eran más ricos que sus homólogos del norte. A pesar de que no todos los sureños disfrutaban de los mismos privilegios y riquezas que los propietarios de esclavos, la mayoría de los que poseían tierras obtenían grandes beneficios anuales y tenían lo suficiente para vivir cómodamente.

La propiedad de la tierra era crucial para los sureños, que cultivaban diferentes productos. El algodón —el cultivo más asociado a la esclavitud— no era el más común entre los propietarios de esclavos, aunque podría decirse que era el material más valioso. Debido a las condiciones particulares requeridas para cultivar algodón en grandes cantidades, solo se cosechaba en lo que se denomina el Bajo Sur: Georgia, las Carolinas y Texas, aunque en menor medida. Otros estados sureños cultivaban tabaco, como Virginia. A lo largo del Misisipi, el cultivo más común de los esclavos era el azúcar.

Al comparar las zonas más urbanas del Sur con las del Norte, las diferencias son igual de evidentes. A pesar de que los ciudadanos del Sur eran tanto o más ricos que los del Norte, la mayoría vivía en zonas rurales. La economía del Sur dependía tanto del estilo de vida agrario de sus ciudadanos que el proceso de urbanización se vio muy frenado. La mayoría de los sureños se negaban a trasladar sus vidas a pueblos y ciudades más nuevas. Mientras tanto, en el Norte, grandes ciudades como Nueva York y Filadelfia crecían rápidamente, tanto en tamaño como en población. Por ejemplo, dos de las ciudades más grandes de Virginia —Richmond y Petersburg— solo tenían unos 60.000 habitantes cuando estalló la guerra. Chicago, San Luis y Cincinnati, que eran ciudades relativamente más nuevas, contaban con más de 100.000 habitantes cada una.

En cuanto a las zonas urbanas, la mayoría de los habitantes del Sur vivían en Nueva Orleans, una ciudad que hoy en día se ha convertido en sinónimo de cultura afroamericana. En el siglo XVIII fue uno de los mayores puertos de esclavos. Lo cierto es que el Sur simplemente no pudo seguir el ritmo de crecimiento del Norte. El Norte experimentó una rápida industrialización, pero el Sur glorificó y dependió en exceso del estilo de vida agrario. Esto tuvo efectos indirectos en ámbitos de la vida, como el nivel general de educación. En la década de 1860, una quinta parte de los ciudadanos del Sur eran analfabetos, sin tener en cuenta a los esclavos que constituían casi la mitad de la población del Sur. En comparación, cerca del 95% de los norteños tenían al menos algún tipo de educación. En cuanto a los jóvenes, solo un tercio de los niños del Sur iban a la escuela en comparación con las tres cuartas partes de Nueva Inglaterra y el Medio Oeste.

La cuestión de la esclavitud

El auge demográfico de principios del siglo XIX no solo afectó a los ciudadanos blancos de Estados Unidos, cuyas filas se vieron reforzadas por la afluencia de inmigrantes que llegaron al país en busca de una vida nueva y próspera. La población esclava también aumentó espectacularmente en las primeras décadas del siglo XIX, pero solo en el Sur. Mientras que el Norte se iba cansando de la esclavitud como práctica y abandonaba el antiguo estilo de vida agrario para buscar nuevas oportunidades en las ciudades, los sureños se contentaban con seguir adquiriendo más tierras y ampliando sus propiedades. Esto significaba que se necesitaban más esclavos para trabajar esas tierras y, en muchos casos, eran transportados desde los estados del norte que ahora tenían poco uso para ellos.

Con el tiempo, los plantadores con más esclavos compitieron entre sí, comparando quién proporcionaba las mejores y peores condiciones a sus esclavos —algo que es una completa exageración, ya que los esclavos vivían en circunstancias terribles, pensaran lo que pensaran sus amos.

El cristianismo tuvo una inmensa influencia en la vida cultural de los esclavos. Los esclavos no perdieron su cultura, sino que esta evolucionó, tomando prestado del estilo de vida estadounidense y de las duraderas tradiciones africanas para crear una cultura única y rica. A principios del siglo XIX, la población esclava era predominantemente cristiana, consecuencia del Sur temeroso de Dios.

Sin embargo, a medida que los negros oprimidos se convertían cada vez más al cristianismo, las iglesias encontraban dificultades para acogerlos debido a su condición de esclavos. En realidad, todo el calvario de la esclavitud era un asunto muy poco cristiano, e ignorar ese hecho resultaba muy difícil a veces. El cristianismo negro se convirtió en un fenómeno cultural, que incorporaba a los rituales cristianos elementos tradicionales africanos, como los apasionados cantos y danzas corales. En un lugar tan religiosamente diverso como Estados Unidos, donde el cristianismo tenía múltiples variantes e iglesias separadas, no todos acogían a los negros en sus filas. Algunos, como los bautistas, se mostraban más indiferentes ante la participación de los negros en los sermones o en las actividades cristianas regulares. Los cristianos negros llegaron incluso a ejercer de predicadores en las iglesias que los acogían.

Encontrar la alegría y la libertad en la religión era crucial, ya que indicaba que la población negra oprimida tenía un lugar donde experimentar la verdadera felicidad a pesar de llevar una vida tan miserable. La religión también impulsó en cierta medida la alfabetización de la población esclava. Aunque algunos esclavos, sobre todo los que tenían contacto diario con sus amos, aprendieron a leer y escribir gracias a sus amos, la mayoría de los esclavos alfabetizados lo fueron gracias a los cristianos, que realmente querían que los oprimidos aprendieran más sobre las obras de Dios.

Otro efecto secundario de una población esclava cada vez más alfabetizada fue la creación de grupos especiales de hombres blancos llamados patrullas. Curiosamente, con el paso de las décadas, los derechos de los esclavos aumentaron en cierta medida, a pesar de que seguían estando muy oprimidos. Por ejemplo, los esclavos podían practicar su religión en ciertas iglesias de blancos. Con el tiempo, a veces se permitía a los esclavos abandonar la propiedad de su amo. Normalmente tenían que tener un pase escrito firmado por su dueño que les permitiera salir durante un tiempo determinado. Los grandes propietarios contrataban patrullas para controlar las actividades de sus esclavos cuando salían de su propiedad. Las patrullas comprobaban los pases de los esclavos errantes para ver si se les había permitido salir o no. Si los esclavos no tenían permiso, los patrulleros los golpeaban violentamente para darles una lección. Era una medida más para intentar controlar a la población esclava con la mayor eficacia posible. Los últimos acontecimientos habían despertado cierto recelo entre los propietarios de esclavos, que temían que una rebelión de esclavos lo suficientemente numerosa pudiera derrocarlos del poder.

Las rebeliones de esclavos no eran nada nuevo en aquella época. La famosa Revolución haitiana es quizá el ejemplo más claro de cómo una población mayoritariamente negra se hizo con el control mediante una revuelta armada. Sudamérica también había visto un par de instigaciones en Brasil y Guayana. En Estados Unidos, la revuelta de esclavos más alarmante tuvo lugar en 1831 en el condado de Southampton, Virginia. Dirigida por un joven esclavo llamado Nat Turner, la insurrección de Southampton no consiguió finalmente acabar con la opresión de los esclavos. Costó la vida a unos doscientos negros y cien blancos. La rebelión fue violentamente aplastada y dio comienzo a una nueva oleada de legislación que pretendía limitar aún más los derechos de la población esclava.

La rebelión de 1831 fue quizás la primera vez que los propietarios de esclavos del Sur se sintieron aterrorizados. Su sociedad estaba dominada por los negros, la mayoría de los cuales eran hombres jóvenes que teóricamente podían hacerse con el control si lograban alcanzar altos niveles de movilización. Para evitar que se produjera el peor escenario posible, los propietarios de esclavos del Sur difundieron propaganda a favor de la esclavitud. Por ejemplo, afirmaban que la esclavitud era la condición natural de los negros, algo que había decidido Dios al crear a los blancos como «superiores naturales». Aun así, la insurrección de Southampton encendió una chispa en Estados Unidos, que rápidamente se extendió como un reguero de pólvora en las décadas siguientes.

Primeros indicios de abolicionismo

Tras la insurrección de Southampton, el movimiento antiesclavista despegó en todo el país, especialmente en el Norte. Aunque el movimiento no tuvo mucho éxito al principio, durante la década de 1830, más gente empezó a expresar sus opiniones, creyendo que el gobierno debía hacer algo para prohibir la esclavitud de una vez por todas. Muchos afirmaban que era «lo que había que hacer» o que había funcionado en el Viejo Mundo. Antes de la insurrección, una opinión común era que la esclavitud acabaría muriendo. Por ejemplo, las nuevas máquinas que se habían inventado durante la Revolución Industrial acabarían sustituyendo al trabajo humano que realizaban los esclavos.

No se hablaba de liberar por completo a la población negra esclavizada, y mucho menos de concederles derechos suficientes, pero poco a poco más gente fue reconociendo las terribles cosas que representaba la esclavitud y cómo afectaba al desarrollo social y político del país. Los ciudadanos más optimistas confiaban en que el gobierno estadounidense aplicaría nuevas políticas en la misma línea que la abolición del comercio de esclavos, que se había aprobado en 1808.

Se debe mencionar que, a pesar de haber abolido la importación de esclavos al país en 1808, el Congreso también tomó decisiones que complacieron a los sureños. Por ejemplo, en 1820, una ley conocida como el compromiso de Misuri permitió que Misuri entrara en la Unión como estado esclavista. Maine sería admitido como estado libre, y la esclavitud quedaría prohibida en el resto de las tierras adquiridas en la Compra de Luisiana que quedaban al norte del paralelo 36° 30'. Antes de su promulgación, la cuestión de la esclavitud había cobrado importancia. La legislación era una forma de tratar el asunto de forma inmediata, pero no era en absoluto una solución a largo plazo para el problema.

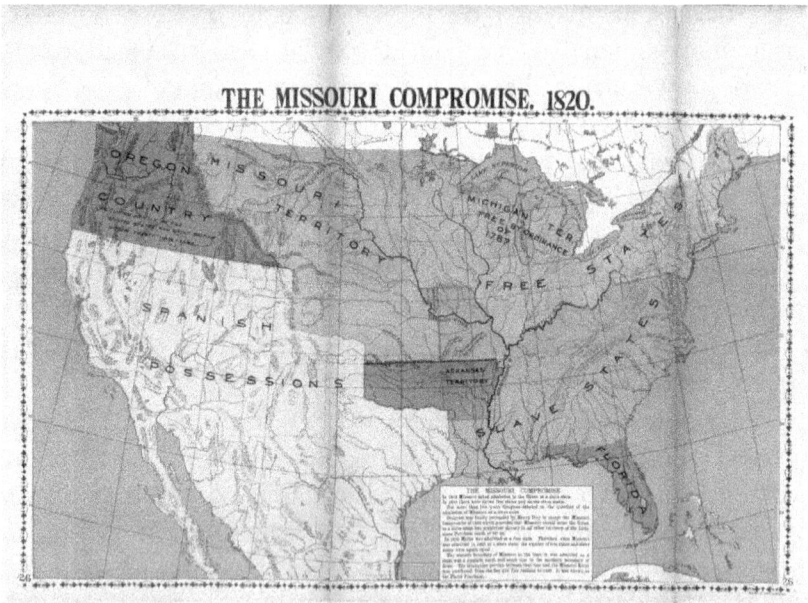

El compromiso de Misuri
https://commons.wikimedia.org/wiki/File:Map_of_the_Missouri_Compromise,_1820.jpg

El compromiso de Misuri estableció algunas normas relativas a la futura admisión de estados norteamericanos, ya que tanto el Norte libre como el Sur esclavista estaban de acuerdo en que alterar el equilibrio entre los estados libres y esclavistas sería perjudicial para el país. Después de 1820, el equilibrio debía mantenerse igual, y durante un tiempo así fue: había doce estados libres en el Norte y doce estados esclavistas en el Sur. Pero el compromiso afectó a la futura expansión de Estados Unidos. A medida que se añadían estados a la Unión, el número de estados esclavistas crecía tanto como el de estados libres. En aquel momento, nadie se preocupó lo suficiente como para abordar el asunto de forma permanente, y el compromiso de Misuri fue la ley del país durante más de una década.

Sin embargo, en la década de 1830, el clima sociopolítico había cambiado casi por completo. Los defensores del abolicionismo se organizaron mejor y empezaron a expresar públicamente sus opiniones. Por ejemplo, en 1831, un periodista llamado William Lloyd Garrison fundó un periódico con el nombre de *The Liberator* en Boston. Fue una de las primeras publicaciones claramente antiesclavistas y provocó un efecto de bola de nieve en el Norte. Intelectuales, políticos y ciudadanos comunes que creían en la causa se concentraron en atacar la práctica de la esclavitud. En 1833, tres años antes de que dos nuevos estados entraran en la Unión (Arkansas en el Sur y Michigan en el Norte), William Lloyd Garrison ayudó a fundar la Sociedad Antiesclavista Estadounidense en Nueva York. Se trataba de un espacio público destinado a debatir el abolicionismo en su conjunto y a proporcionar una vía para que los abolicionistas expresaran sus opiniones. Promovió las prácticas antiesclavistas en el Norte y tuvo bastante éxito, ganando adeptos rápidamente en los grandes estados del norte.

Poco a poco, un importante movimiento antiesclavista fue ganando adeptos en la nación, algo que alarmó a los sureños que tanto dependían de los esclavos que poseían. Lo que impulsó el sentimiento público contra la esclavitud fueron los informes de casos de esclavos fugitivos. A los esclavos que escapaban se los llamaba fugitivos y, si eran capturados, se les devolvía a sus dueños. La primera Ley de Esclavos Fugitivos de 1793 permitía a los gobiernos locales capturar y devolver a los esclavos fugitivos a sus anteriores dueños y castigar a quienes estuvieran implicados de alguna manera en su huida. Los informes de esclavos que habían escapado años antes, capturados, tratados brutalmente y transportados de vuelta a las plantaciones en contra de su voluntad, siguieron conmocionando al Norte abolicionista y alimentaron el movimiento antiesclavista.

Lo interesante es que, cuando estalló la guerra de Secesión en 1861, la cuestión de la esclavitud se había transformado, en cierto modo, en algo más que el Norte abogando por la abolición y el Sur protegiendo la práctica. A medida que las opiniones de ambos bandos sobre el asunto maduraban a lo largo de las décadas, empezó a desarrollarse un patrón, especialmente en las altas sociedades del norte. La mayoría de los norteños no eran partidarios de conceder a los negros los mismos derechos que ellos tenían, ya que era una forma de seguir distinguiéndose como superiores. Así pues, un sentimiento de racismo caracterizaba sin duda a la sociedad norteña.

A pesar de ello, el Norte se avergonzaba de que Estados Unidos pretendiera ser un baluarte del mundo libre y occidental, pero siguiera practicando la esclavitud en gran medida. Querían abolir la institución y cambiar la Constitución, pero no estaban dispuestos a llevar el movimiento antiesclavista más allá de eso.

En cuanto al Sur, ya hemos mencionado que la imagen que se ha asociado al típico sureño estadounidense del siglo XIX —un rico plantador con una gran mansión y hectáreas de tierra trabajados por esclavos— solo representaba a una minoría de todos los propietarios de esclavos. Se podría argumentar que muchos sureños estaban irremediablemente atrapados en un círculo vicioso. Deseaban llevar el mismo estilo de vida fastuoso que los de arriba, pero no lo conseguían. Sin embargo, una vez que se involucraban en el negocio de la esclavitud, era muy difícil dejarlo. La esclavitud era una práctica exigente; demandaba tiempo, energía y recursos constantes para mantener y ampliar el «negocio». La atención de los propietarios de esclavos, independientemente de su estatus social o del número de esclavos que poseyeran, se centraba casi por completo en el control de sus propiedades. Atender personalmente la gestión de sus esclavos era una experiencia verdaderamente agotadora y una carga para muchos. El sistema que se había establecido en Estados Unidos en la década de 1860 obligaba a los propietarios de esclavos a ser cuidadosos con cada decisión que tomaban, ya que podía afectar a la forma en que se desarrollaría su negocio esclavista en el futuro.

Cuando estalló la guerra de Secesión en 1861, quedó claro que, a pesar de todo lo negativo que conllevaba ser propietario de esclavos, los sureños seguían dispuestos a defender lo que consideraban su derecho.

Capítulo 3 - Tensiones crecientes

La división entre el Norte y el Sur continuó ampliándose, y en la década de 1850 quedó claro que las dos partes del país eran casi completamente diferentes en casi todos los aspectos. El Norte estaba muy urbanizado y educado, con más gente que optaba por trabajos asalariados. Además, estaba más modernizado, no solo económica y tecnológicamente, sino también socialmente. Los norteños desarrollaron nuevos grupos sociales y abogaron por perseguir principios que habían sido descritos como los principales pilares de Estados Unidos. El Sur, por su parte, dudaba en abandonar el estilo de vida agrario que había desarrollado durante décadas. Los sureños seguían dependiendo de la tierra y de la propiedad de esclavos. Las tensiones entre ambos bandos existían desde hacía tiempo y se manifestaban una y otra vez, a veces por parte de los ciudadanos, pero sobre todo en el Congreso, donde los representantes de los estados del sur y del norte se enfrentaban prácticamente en todos los temas.

Con estos antecedentes en mente, prepárese para explorar la década que condujo al estallido de la guerra de Secesión.

Breve resumen de la guerra mexicano-estadounidense

Antes de analizar las leyes que desempeñaron un papel fundamental en la configuración de Estados Unidos en la década de 1850, debemos echar un vistazo a un acontecimiento que influyó enormemente en el país. La guerra mexicano-estadounidense se libró entre abril de 1846 y febrero de 1848. Fue quizás el mayor acontecimiento que causó indirectamente la guerra de Secesión. La guerra mexicano-estadounidense tuvo consecuencias a corto y largo plazo que sacudieron la vida sociopolítica y económica del estadounidense medio.

La guerra entre México y Estados Unidos terminó con una victoria estadounidense. Se libró por la cuestión de Texas, una región mexicana cada vez más habitada por inmigrantes estadounidenses durante la primera parte del siglo XIX. La proximidad de Texas al sur, unida a la riqueza y vastedad de sus tierras, hacía que fuera bastante fácil y, en cierto sentido, incluso deseable para el estadounidense medio aventurarse allí y establecerse. México incluso fomentó la inmigración hasta cierto punto, aunque quizá sería mejor decir que México no tuvo tiempo ni energía suficientes para abordar adecuadamente la situación, ya que se vio envuelto en constantes conflictos a lo largo de las primeras décadas del siglo XIX. México luchó primero por independizarse de España, y después los mexicanos lucharon a lo largo de las décadas de 1820 y 1830, ya que el país no podía decidir qué tipo de gobierno era el mejor. Texas era una de las provincias más extensas del país por su extensión. Estaba tan alejada del corazón de México que en su mayor parte estaba despoblada, lo que fue otro factor que permitió a los colonos estadounidenses moverse libremente por el territorio y comenzar nuevas vidas.

El gobierno mexicano apenas vigilaba a los estadounidenses. Con el tiempo, cualquier intento de aplicar algún tipo de legislación reguladora era sencillamente ignorado por los que habían inmigrado. A mediados de la década de 1830, estaba claro que ya no quedaba nada en Texas que pudiera considerarse puramente mexicano. Los estadounidenses dominaban la provincia y constituían la mayoría de la población. Además, eran mayoritariamente protestantes. México, por su parte, era por entonces una de las naciones más católicas del mundo. Principalmente, estaba la siempre relevante cuestión de la esclavitud. La esclavitud estaba técnicamente prohibida en México, pero los estadounidenses que vivían en Texas seguían practicándola sin limitaciones reales.

Finalmente, tras un constante ir y venir entre ambas partes, Texas se rebeló contra el régimen mexicano en octubre de 1835. La rebelión fue finalmente un éxito. Los texanos lucharon ferozmente. Estaban liderados por Sam Houston y reforzados por algunos voluntarios estadounidenses que ayudaron a sus compatriotas en su virtuosa causa.

Texas consiguió independizarse, organizando la efímera República de Texas en marzo de 1836.

La formación de la República de Texas fue devastadora para México. Las luchas internas de México se multiplicaron tras la pérdida de un territorio tan extenso. El alto mando del general Santa Anna intentó ocultar la noticia de la derrota, pero no lo consiguió. El país no tenía recursos para tomar represalias y los constantes problemas internos hicieron imposible que México se centrara en recuperar el territorio perdido. Sin embargo, nunca reconoció oficialmente la independencia tejana.

En cualquier caso, los texanos se alegraron. Modelaron su país, su legislación y su sistema político general siguiendo el modelo estadounidense. Incluso tenían su propio congreso y senado. Con el paso de los días, quedó claro que la mayoría de la población quería formar parte oficialmente de Estados Unidos. Era lógico. La mayoría de los texanos habían nacido en Estados Unidos, creían y vivían según los principios estadounidenses y vivían junto al pueblo estadounidense. Además, Estados Unidos había sido visto como un aliado natural de Texas, sobre todo porque muchos estadounidenses habían luchado codo con codo con el pueblo de Texas en su guerra revolucionaria como voluntarios. Estados Unidos fue también el primer país en reconocer formalmente la independencia de Texas.

Sin embargo, la situación no era tan sencilla en EE. UU., a pesar de que la mayoría de la opinión pública abogaba por la anexión del territorio y su investidura como estado. Al fin y al cabo, era la época del destino manifiesto y del expansionismo estadounidense. Pero la anexión de Texas significaría la entrada en la Unión de un nuevo estado esclavista, lo que alteraría el equilibrio acordado en el compromiso de Misuri de 1820. Esto disgustaría enormemente al Norte, que ya no apoyaba la esclavitud. Aunque en teoría se podría haber formado otro estado norteño a partir del Territorio de Indiana, Texas estaba mucho más organizado y desarrollado, lo que daba una ventaja natural al Sur.

Finalmente, gracias a los esfuerzos del recién elegido presidente James K. Polk, el Congreso se vería obligado a anexionar Texas como nuevo estado en 1845. Polk era un entusiasta de la expansión hacia el oeste de Estados Unidos y un firme defensor del destino manifiesto. Toda su campaña presidencial se había basado en la anexión de Texas. Lo que sirvió para romper el acuerdo fue el asunto de Oregón, otro territorio estadounidense de la época cuya propiedad se disputaba con Gran Bretaña, que lindaba con él por el norte. Gracias a las negociaciones, Polk pudo conseguir Oregón. Se convirtió oficialmente en territorio en 1848, pero convenció al Congreso para que firmara un acta de anexión a finales de 1844.

Los texanos ratificaron el tratado con un abrumador apoyo público a principios de 1845 y entraron oficialmente en la Unión en febrero del año siguiente. Pero, naturalmente, este proceso no pasó desapercibido para México. El gobierno mexicano, desesperado por cualquier tipo de éxito, se opuso vehementemente a la anexión de Texas por parte de Estados Unidos. El país llegó incluso a proferir varias amenazas a EE. UU., dando a entender que consideraba injusta la anexión de la provincia. También estaba la cuestión de la frontera que separaba México de Texas, que técnicamente había sido acordada por ambas partes tras la revolución de 1836. Sin embargo, no fue respetada por ninguno de los dos bandos. Los texanos afirmaban que controlaban el territorio hasta el río Grande, a pesar de que el asentamiento texano más lejano no estaba lejos del río Nueces, que México consideraba el límite.

La situación se agravó cuando el presidente Polk envió tropas a la zona en disputa para reforzar la frontera, sospechando un posible ataque mexicano. Esto se consideró una completa humillación para el pueblo mexicano, que pensó que la guerra era inevitable. Al final, una vanguardia exploradora mexicana atacó a la patrulla estadounidense en la frontera en disputa en un encuentro conocido como la escaramuza Thornton en abril de 1846. Los dos bandos entraron en guerra.

Desde el principio quedó claro que Estados Unidos acabaría triunfando, y así fue. Atacando múltiples frentes y agotando los recursos mexicanos, las fuerzas estadounidenses lograron una victoria relativamente fácil y rápida contra los mexicanos, que no tenían ni el corazón ni los recursos necesarios para resistir adecuadamente.

Mientras se desarrollaba una parte de la lucha en la frontera tejana, la flota estadounidense y las Fuerzas Expedicionarias del Oeste también barrieron California y el camino de Santa Fe, socavando las defensas mexicanas y exponiendo el flanco izquierdo. Bajo el mando del general Winfield Scott, la principal fuerza estadounidense se desplegó en el este de México y se dirigió a Ciudad de México, arrollando a las tropas mexicanas en el proceso. Los mexicanos se rindieron finalmente dos años más tarde. Firmaron el devastador Tratado de Guadalupe-Hidalgo, que ponía fin a la guerra y otorgaba a Estados Unidos el control total de los territorios que había ocupado en el conflicto. Estados Unidos aceptó pagar 15 millones de dólares por daños físicos, una cantidad que no significó nada comparada con lo que el país había ganado.

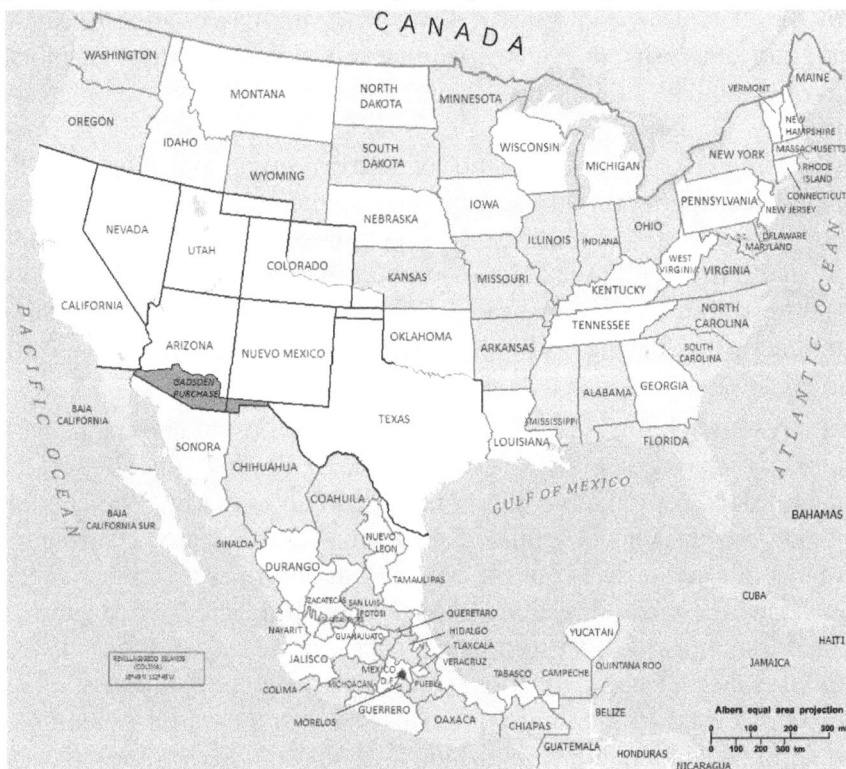

Cesión mexicana
https://commons.wikimedia.org/wiki/File:Mexican_Cession_in_Mexican_View.PNG

Implicaciones de la guerra

La guerra mexicano-estadounidense fue, en su mayor parte, una victoria fácil para Estados Unidos. Según el Tratado de Guadalupe-Hidalgo, Estados Unidos asumió la posesión de aproximadamente un tercio de todos los territorios mexicanos. Prácticamente todo el suroeste moderno pasó a manos de la Unión, incluidos los estados de Nuevo México, California, Nevada, Utah y Colorado. Fue una gran victoria para el destino manifiesto y el expansionismo estadounidense. El «sueño» estadounidense de conectar por tierra la costa este y la costa oeste se había hecho realidad.

Sin embargo, el país se encontró ante un dilema. Estos nuevos territorios significaban que acabarían incorporándose a la Unión como estados. Era un gran negocio tanto para el Norte como para el Sur, ya que una expansión de esta magnitud podía dar una ventaja significativa a uno de ellos. Los esclavistas del Sur querían más estados esclavistas. Tendrían más espacio para expandirse en el oeste, lo que significaba más oportunidades de tierras, lo que, a su vez, significaba más ingresos a través de la agricultura y la propiedad de esclavos. Sabían que el establecimiento de la esclavitud en tierras no colonizadas les daría libertad para perseguir sus objetivos sin demasiada regulación. Por otro lado, el Norte esperaba hacerse con el control de las tierras occidentales. No solo limitaría la posible expansión de los estados esclavistas y disminuiría aún más la práctica en el futuro, sino que también cortaría al Sur el acceso al Pacífico. El Norte industrialista quería disponer de rutas comerciales fiables hacia los nuevos mercados asiáticos.

En resumen, ambos bandos tenían los territorios en la mira. Cada vez estaba más claro que el Congreso no podía demorarse mucho más; tenía que abordar la apremiante cuestión. Incluso antes del final de la guerra, el Congreso discutió el asunto. En agosto de 1846, unos cuatro meses después del inicio de la guerra, muchos miembros de la alta sociedad, aquellos que estaban directa e indirectamente implicados en la guerra, ya habían reconocido que solo sería cuestión de tiempo que Estados Unidos saliera victorioso. Los congresistas de los partidos Whig y Demócrata estaban pensando qué hacer con los territorios obtenidos en la guerra. También estaban divididos dentro de sus propios partidos, con distintos representantes de ambos partidos que tenían opiniones diferentes.

El 8 de agosto de 1846, el presidente Polk presentó un proyecto de ley al Congreso solicitando 2 millones de dólares para negociar con México. La administración de Polk pensaba que era evidente, incluso en los primeros cuatro meses de la guerra, que Estados Unidos ganaría, por lo que deseaban complacer a la oposición contraria a la guerra resolviendo rápidamente el asunto mediante negociaciones. En retrospectiva, sobrestimaron enormemente el asunto, ya que los mexicanos, a pesar de estar en una desventaja significativa, aguantaron un año y medio más.

Aun así, antes de que el Congreso votara si accedía o no la petición del presidente, un grupo de demócratas, encabezados por David Wilmot de Pensilvania, se apresuró a añadir un punto muy importante.

Wilmot, que simpatizaba con la administración de Polk, y un grupo de congresistas de ideas afines propusieron añadir una enmienda que prohibiera la práctica de la esclavitud en todas las tierras que se adquirieran a México. La Enmienda Wilmot, como llegó a conocerse, seguía el modelo de la Ordenanza del Noroeste de 1787, cuando el Congreso aprobó una ley similar relativa a los territorios de lo que hoy es el Medio Oeste (los que más tarde se organizarían en Ohio, Indiana, Illinois, Michigan, Wisconsin y Minnesota). Wilmot y sus partidarios querían que la propuesta se añadiera al proyecto de ley del presidente Polk para que el asunto pudiera someterse a votación.

Al principio, algunos demócratas propusieron que, en lugar de que el punto de no esclavitud se aplicara a los territorios, la línea del compromiso de Misuri se extendiera simplemente a lo largo de la latitud 36°30' todo el camino hacia el oeste hasta el Pacífico, y que todos los territorios al norte de la línea permanecieran libres de esclavitud. Sin embargo, esta propuesta fue rechazada por la Cámara. La Cámara votó a favor de añadir la Enmienda Wilmot al proyecto de ley del presidente, lo que tuvo éxito. La aprobación del proyecto de ley podría tener importantes repercusiones en el futuro de la esclavitud en Estados Unidos, por lo que los congresistas del Sur intentaron acabar con el proyecto aplazándolo o posponiéndolo. No lo consiguieron. La aprobación del proyecto de ley, incluida la enmienda, se sometió a votación en la Cámara, y fue aprobada, aunque por poco, con 85 votos a favor y 80 en contra. Solo faltaba la ratificación del Senado.

Sin embargo, a pesar de haber sido aprobada en la Cámara de Representantes, el Senado nunca aprobó el proyecto de ley que contenía la Enmienda Wilmot. De hecho, nunca aprobaron ninguna enmienda que prohibiera la práctica de la esclavitud en los territorios recién adquiridos de México. Los demócratas y los whigs, partidarios de la esclavitud, se opusieron con vehemencia, pero los senadores a favor de la cláusula estaban siempre en inferioridad numérica y las votaciones nunca siguieron las líneas de los partidos. El proyecto reapareció a finales de año, cuando el presidente volvió a solicitar fondos, pero la enmienda nunca prosperó ni en la Cámara ni en el Senado. Algunos argumentaron que decidir qué hacer con los territorios antes de adquirirlos era inútil y creaba más confusión. Algunos volvieron a la propuesta de ampliar simplemente la línea del compromiso de Misuri, pero los sureños no estaban de acuerdo. Se dieron cuenta de que aproximadamente dos tercios del país quedarían al norte de la línea y lo consideraron una derrota.

Estados Unidos entró en la década de 1850 con un clima político muy polarizado y una considerable cantidad de nuevos territorios. El país apenas podía mantener el equilibrio entre estados esclavos y libres, y ahora había una gran incertidumbre respecto a las tierras adquiridas. Parecía que el futuro del país se decidiría en los próximos años.

Las cuestiones de posguerra

Aunque la Enmienda Wilmot no llegó a aprobarse, constituye un ejemplo de cómo los sentimientos antiesclavistas habían crecido significativamente en los últimos años, algo que puede atribuirse en parte a la creación de nuevos grupos, periódicos y clubes abolicionistas en el Norte. La enmienda también simbolizaba la trágica resistencia a la cuestión de acabar con la esclavitud en los territorios recién adquiridos. Aun así, los norteños tenían motivos importantes para creer que sus esfuerzos de lucha contra la esclavitud podrían hacerse finalmente realidad.

En 1848, el candidato whig Zachary Taylor consiguió por poco la victoria en las elecciones presidenciales. El problema de su candidatura era que el país no había decidido qué hacer con el territorio adquirido en la guerra, y Taylor no apoyaba a un determinado bando. Su cuidadosa campaña complació tanto a los sureños a favor a la esclavitud, con la promesa de Taylor de tener en cuenta sus intereses económicos de crear estados esclavistas en los nuevos territorios, como a los norteños abolicionistas, que se dejaron influir por las promesas de Taylor de dejar la cuestión de la esclavitud en gran medida en manos de las poblaciones de los territorios recién adquiridos.

Varios acontecimientos cruciales ocurridos a finales de la década de 1840 determinaron cómo se desarrollaría el debate del Congreso sobre las nuevas tierras en los años siguientes, como el descubrimiento de oro en California. Antes de que Taylor asumiera el cargo a finales de 1848, se descubrió oro en la región, lo que transformó rápidamente a California de una lejana «tierra prometida», donde solo los más valientes se atrevían a aventurarse para comenzar una nueva vida, a la mercancía más codiciada del país. El descubrimiento de oro dio comienzo a la famosa «fiebre del oro» de California, que vio cómo cientos de miles de personas acudían en masa al oeste para acceder a las riquezas de la región. Esto elevó la importancia de California a lo más alto de la agenda, haciéndola destacar entre las otras tierras recién adquiridas tras la guerra mexicano-estadounidense.

Sin embargo, el problema radicaba en que, como California aún no tenía un gobierno territorial oficial, a pesar de los esfuerzos del presidente Polk en sus últimos meses de mandato, no existían leyes reales que regularan la recolección de sus valiosos recursos. California, como la mayor parte del suroeste de Estados Unidos adquirido en la guerra, seguía bajo el control del ejército, que no podía hacer mucho en términos de legislación oficial. Era urgente crear un organismo gubernamental oficial, ya fuera concediendo a California el estatus de territorio organizado de EE. UU. o saltándose esa etapa y convirtiéndola en estado. La Convención Constitucional de California de 1849 demostró aún más el apoyo público a esta reivindicación. Y lo que era más importante, el pueblo quería prohibir la esclavitud en toda California, haciendo caso omiso del compromiso de Misuri, que habría dividido el estado en dos.

También estaba la cuestión de Texas, o más bien la cuestión de sus siempre problemáticas fronteras. México había aceptado reconocer la frontera a lo largo del Río Grande, pero esa parte no era el problema. Texas seguía reclamando una gran porción de tierra en el norte y noroeste, algo que Nuevo México discutía. Esta reclamación carecía en gran medida de fundamento, ya que el control texano nunca se extendió realmente a las tierras que reclamaba. Además, muchos neomexicanos estaban molestos por haber sido incluidos con los texanos debido a diferencias ideológicas. No era de extrañar que ambos bandos no se llevaran bien, ya que sus diferencias se remontaban a la expedición a Santa Fe de 1841, cuando una fuerza texana viajó sin éxito hacia el norte para asegurar los territorios en disputa del valioso camino de Santa Fe. Además, Nuevo México, al estar poblado en gran parte por personas de origen hispano, no permitía la esclavitud, a diferencia de Texas, que era uno de los mayores estados esclavistas de EE. UU. en aquella época.

Aunque las cuestiones territoriales de California y Texas ocupaban un lugar más destacado en la agenda, no eran las únicas que requerían la atención inmediata del gobierno. El crecimiento del movimiento antiesclavista había provocado un creciente descontento hacia la práctica de la esclavitud en la capital del país: Washington, D. C. Situada justo en la histórica línea Mason-Dixon, Washington tenía una inmensa importancia simbólica. Para el Norte, el hecho de que se permitiera la práctica de la esclavitud en la capital era humillante para la imagen internacional del país. El Sur, en cambio, veía en ello un gran orgullo, pues creía que Washington estaba «de su parte».

En cuanto a la esclavitud, había otro asunto que debía resolverse. Tras el auge del sentimiento antiesclavista, aumentó enormemente el número de esclavos que escapaban de sus amos en busca de libertad. Se dirigían al norte, con la esperanza de llegar a los estados libres y empezar una nueva vida. El Norte se estaba volviendo tan poco favorable a la esclavitud en general que, en muchos casos, incluso si se encontraban esclavos fugitivos en el norte, la gente no los devolvía a sus anteriores dueños, desafiando la Ley del Esclavo Fugitivo. Los norteños aprobaron leyes de libertad personal, que disminuyeron el poder de la Ley del Esclavo Fugitivo de 1793. Tenían el derecho legal de actuar como quisieran cuando se toparan con un esclavo fugitivo. Esto molestó mucho a los sureños, y muchos representantes de los estados esclavistas presionaron para que se promulgara una nueva legislación que solucionara el asunto. Los precios de los esclavos estaban en máximos históricos y el Norte presionaba constantemente para que se practicara la esclavitud, por lo que la pérdida de un solo esclavo podía hacer mella en los bolsillos de los plantadores del Sur.

El compromiso de 1850

Como se puede ver, el presidente Taylor y su administración tenían mucho entre manos, y diferentes congresistas influyentes proponían diferentes soluciones a los problemas. De estas cuestiones, la que parecía más inevitable era la incorporación de California a la Unión. Los californianos ya habían expresado su deseo de unirse a la Unión, así que el gobierno de Taylor tenía algo con lo que trabajar.

Pero serían tres hombres –John C. Calhoun, Henry Clay y Daniel Webster– quienes protagonizarían uno de los debates más influyentes sobre estos temas en el Congreso. El trío, junto con otros grandes políticos de estadounidenses de principios del siglo XIX como John Quincy Adams, son considerados los portadores de la antorcha de los Padres Fundadores, un «gran Triunvirato» de políticos. Abogaron por el desarrollo y la promoción de los principios que conformaban la vida cotidiana de los estadounidenses de la época.

Henry Clay
https://commons.wikimedia.org/wiki/File:Henry_Clay.JPG

Tras rigurosas negociaciones entre bastidores, el Congreso tenía una idea general de lo que podía esperar. Henry Clay, un carismático whig de Kentucky que había madurado en el debate político durante su etapa como secretario de Estado, presentó ocho proyectos de ley en el pleno del Congreso a finales de enero de 1850. Clay tenía una reputación infame entre los políticos de su calibre. Era notorio que poseía esclavos y residía en un estado esclavista; sin embargo, creía que el futuro del país pasaba por una sociedad libre de esclavos y estaba a favor de la emancipación gradual. Era muy diferente de muchos otros representantes de estados del sur, pero aun así era muy respetado tanto en el norte como en el sur. Su pasada participación en política le valió el apodo de «Gran Pacificador».

Así, cuando se presentó ante la Cámara para exponer su proyecto de ley en ocho partes que abordaba todos los problemas que Clay consideraba relevantes para el futuro del país, hizo lo que mejor sabía hacer: ofreció un compromiso. Clay propuso la admisión de California en la Unión como estado libre, el establecimiento de los territorios de Nuevo México y Utah, la condonación de la deuda de Texas a cambio de que el estado renunciara a sus reclamaciones sobre las fronteras en disputa y, lo que quizá fuera más importante, la supresión del comercio de esclavos en la capital a cambio de la revisión y aplicación de leyes más estrictas relativas a los esclavos fugitivos. El proyecto de ley de Clay esperaba contentar a ambas partes, como de costumbre, y lo consiguió hasta cierto punto. Sin embargo, al final fracasó, con la oposición de algunos whigs del Norte y demócratas del Sur.

El debate se desarrolló de manera completamente diferente a como algunos podrían haber imaginado, y duró siete meses. En ese tiempo, tanto el presidente Taylor como John C. Calhoun fallecieron, y ninguno de los dos vio la forma final de uno de los proyectos de ley más históricos de la historia de Estados Unidos. Taylor fue sustituido por el vicepresidente Millard Fillmore, mientras que el emotivo e influyente discurso de Calhoun poco antes de su muerte fue pronunciado ante sus colegas por el senador James M. Mason. Calhoun fue uno de los más firmes partidarios de la esclavitud y dedicó gran parte de su carrera política a defenderla y justificarla en su conjunto. Se puede argumentar que su discurso y la influencia que ejerció sobre sus colegas alargaron el debate un par de meses más.

El presidente Fillmore simpatizó con la propuesta de Clay: un nuevo compromiso para intentar resolver todos los problemas tanto del Norte como del Sur sin tomar partido por ninguno de los bandos. Clay tuvo que abandonar el Congreso debido a la tuberculosis, y fue sucedido por el senador Stephen A. Douglas. Juntos, Fillmore y Douglas consiguieron convencer a los representantes texanos de que renunciaran a algunas reivindicaciones relativas a las disputadas fronteras con Nuevo México, alegando que era responsabilidad de Estados Unidos proteger los derechos de los neomexicanos. A cambio del alivio de la deuda, Sam Houston de Texas y sus partidarios aceptaron ajustar las fronteras. El Senado aprobó la ley con el apoyo tanto de los whigs como de los demócratas; la única oposición provino principalmente del Sur. La propuesta de Clay por fin había visto la luz.

El resto de los proyectos de ley resultaron mucho más fáciles de conseguir apoyos. Ninguno de los dos bandos se opuso realmente a la organización de Nuevo México y Utah como dos nuevos territorios formales, y el Sur aceptó la admisión de California y la restricción de la esclavitud en Washington a cambio de una ley más estricta sobre los esclavos fugitivos. Ese era el objetivo del compromiso. Los norteños consiguieron un nuevo estado libre, limitaron la expansión de la esclavitud a la costa del Pacífico y limitaron las actividades relacionadas con la esclavitud en Washington. Los sureños obtuvieron leyes que les facilitaban la captura de esclavos fugitivos y resolvieron el asunto de Texas. Al final, ambos bandos no quedaron plenamente satisfechos.

En septiembre de 1850, se aprobó un paquete histórico de cinco leyes. Se conoció como el Compromiso de 1850, y esperaba abordar adecuadamente las dos principales preocupaciones que habían conformado los Estados Unidos del siglo XIX: la expansión territorial y la esclavitud. A pesar de que el «compromiso» se había logrado, la medida en que cubría todos los problemas resultó no ser suficiente.

La admisión de California como estado libre fue quizá el recorte más claro de los cinco puntos. No quedaban más preguntas sobre el futuro estado, y el asunto se resolvió de forma bastante unánime. Sin embargo, no puede decirse lo mismo de otras cuestiones territoriales. Por ejemplo, el proyecto de ley y, en mayor medida, quienes lo aprobaron aún no habían decidido qué hacer con los territorios recién organizados de Utah y Nuevo México, principalmente si se debía permitir que ambos territorios practicaran la esclavitud. Cuando llegó el momento de dividir Utah y Nuevo México en nuevos estados, se sabía que el debate sobre la esclavitud polarizaría aún más al país. Aun así, este tema se ignoró en gran medida y se pospuso para que lo decidieran las generaciones futuras.

La mayor atención se prestó a la redefinición de las disputadas fronteras entre Texas y Nuevo México, un asunto que posiblemente no era ni de lejos tan importante como las nuevas restricciones al comercio de esclavos en Washington D. C. o la ampliación de la Ley del Esclavo Fugitivo. Según las nuevas leyes, la compra y venta de esclavos estaba prohibida en Washington D. C., pero la posesión de esclavos seguía estando permitida. Esto no tenía mucho sentido, teniendo en cuenta que los habitantes de la capital podían simplemente hacer un corto viaje a los estados del sur, comprar sus esclavos y luego regresar a casa. La ley no benefició a ninguno de los dos bandos y finalmente no tuvo éxito. El Sur estaba furioso con las limitaciones impuestas a Washington, mientras que el Norte creía que el único camino justo era la prohibición total de la esclavitud en todas sus formas.

En cuanto a la Ley del Esclavo Fugitivo, las leyes incluidas en el compromiso de 1850 eran descaradamente favorables a la esclavitud. Molestos y decepcionados por el creciente sentimiento en contra de la Ley de Esclavos Fugitivos de 1783, los propietarios de esclavos del Sur exigieron un control y una vigilancia más estrictos de los esclavos fugitivos en virtud de la nueva legislación. Tal vez tuvieron más éxito del que podrían haber esperado inicialmente. En virtud de la nueva ley, que entró en vigor en septiembre de 1850, se prohibió a los esclavos fugitivos testificar en su propio nombre, algo que iba en contra de los principios democráticos en los que se había basado el país. Revocar los derechos judiciales básicos de los esclavos fugitivos no fue tan devastador como otros puntos. Por ejemplo, según las nuevas leyes, las personas, independientemente de su estatus o color de piel, sospechosas de ayudar a los esclavos fugitivos a escapar de sus dueños debían ser castigadas severamente. Los agentes de la ley de todo el país, no solo de los estados del sur, tenían derecho a arrestar a los esclavos fugitivos basándose únicamente en el testimonio jurado del reclamante, y estaban obligados a ayudar a los propietarios de esclavos a encontrar a sus esclavos fugados.

La nueva Ley del Esclavo Fugitivo fue sin duda el proyecto de ley más impactante incluido en el compromiso de 1850, y sin embargo fue al que menos atención se prestó. Restringía completamente los derechos que los esclavos fugitivos tenían en primer lugar y estaba descaradamente sesgada para complacer a los plantadores de los estados esclavistas, que se habían angustiado por el creciente movimiento abolicionista. La ley inclinó significativamente la balanza de poder a su favor al cambiar los principios básicos del poder judicial. Por ejemplo, los jueces cobrarían el doble si declaraban culpables a los esclavos fugitivos y los devolvían a sus dueños. Era totalmente antidemocrático, pero los legisladores estaban tan absortos en decidir el futuro de los territorios recién adquiridos que simplemente ignoraron la inmensa implicación que esto tendría. Sin embargo, el compromiso de 1850 consiguió lo contrario de lo que esperaban los sureños. En lugar de instalar el miedo en las mentes de los esclavos, aumentó exponencialmente el apoyo al movimiento abolicionista, impulsando a numerosos estados del norte a aprobar leyes que protegieran las libertades individuales subrayadas en la ley.

El compromiso de 1850 fue quizá la ley estadounidense más importante anterior a la Segunda Guerra Mundial. Recién salido de una exitosa guerra contra México, el Congreso fue una vez más incapaz de encontrar una solución a largo plazo para el problema más acuciante del país: la división en torno a la esclavitud. En su lugar, el compromiso prestó más atención a resolver las disputas individuales entre Texas y Nuevo México, y apresuró la incorporación de California a la Unión como estado libre. Por otra parte, la nueva Ley del Esclavo Fugitivo y las restricciones al comercio de esclavos en Washington no lograron los resultados previstos. Simplemente aumentaron la polarización sobre el tema. Los dos grupos eran cada vez más hostiles entre sí, acusándose mutuamente de limitar sus libertades y estancar el desarrollo del país. Por todas estas razones, el compromiso de 1850 suele considerarse el principio del fin de los Estados Unidos prebélico.

La Ley Kansas-Nebraska

El compromiso de 1850, a pesar de sus consecuencias destructivas, no fue considerado como tal tras su promulgación. En lugar de darse cuenta de que el público estaría más dividido sobre la esclavitud después de aplicar leyes más estrictas sobre ella, el Congreso creyó que había abordado la cuestión. Este sentimiento fue compartido y cimentado por el siguiente presidente, Franklin Pierce, cuyo discurso inaugural de 1853 mencionó que la cuestión de la esclavitud en los territorios actuales y futuros de Estados Unidos estaba resuelta de una vez por todas. Irónicamente, al año siguiente el Congreso volvería a ocuparse de la cuestión de la esclavitud. Se vio obligado a aplicar una nueva legislación vital en los territorios no organizados del país, algo que formaba parte de un acuerdo más amplio, que tenía que ver con la mayor industrialización del país mediante la construcción de un ferrocarril transcontinental crucial.

El debate sobre la construcción de un ferrocarril transcontinental existía desde principios de la década de 1840. Todo el Congreso, tanto los whigs como los demócratas, reconocían la inmensa importancia de este proyecto infraestructural. El ferrocarril era el futuro del transporte y la forma perfecta de recorrer largas distancias. No había duda de que el país necesitaba un ferrocarril que conectara el este con el oeste, sobre todo después de que la victoria en la guerra mexicano-estadounidense trajera nuevos territorios. Sin embargo, como siempre, el Congreso no podía llegar a un acuerdo sobre los detalles exactos de la construcción del ferrocarril, como por ejemplo por dónde discurriría y qué estados incluiría. Tanto el Norte como el Sur abogaban por rutas diferentes, y cada uno excluía la participación de los demás estados en el proyecto. Lo único que se acordó fue que el ferrocarril se financiaría mediante concesiones públicas de tierras.

Un factor importante que desempeñó un gran papel en los debates sobre la construcción del ferrocarril fue el territorio no organizado de la parte central del país, el territorio que Estados Unidos había adquirido mediante la Compra de Luisiana. En la década de 1850, la tierra que quedaba sin organizar tras la compra se conocía comúnmente como «Nebraska». A medida que nuevos colonos llegaban a este territorio inexplorado, crecía la preocupación por implantar algún tipo de legislación. El asunto de Nebraska debería haber sido explorado en las audiencias del Congreso, pero en realidad nadie tenía tiempo para ello. Durante la mayor parte de la década de 1840, los legisladores del país estaban ocupados decidiendo qué hacer con las tierras anexionadas a México. Stephen A. Douglas, senador demócrata por Illinois, había propuesto anteriormente organizar Nebraska como territorio oficial de Estados Unidos y había vinculado la construcción del ferrocarril a su proyecto de ley, pero este nunca vio la luz debido a la cuestión de la esclavitud. La mayor parte del territorio sobrante de la Compra de Luisiana quedaba al norte de la línea del compromiso de Misuri, lo que significaba que la esclavitud habría estado prohibida en esos territorios/estados. Los legisladores del Sur ya no estaban satisfechos con lo que se había acordado en 1820. En 1845, cuando Douglas presentó por primera vez el proyecto de ley, los políticos sureños lo pospusieron, instando al Congreso a desviar su atención hacia cuestiones más inmediatas.

Tras el compromiso de 1850, la cuestión de Nebraska volvió a hacerse popular, y la Cámara de Representantes aprobó en la primavera de 1853 un proyecto de ley para organizarlo como territorio. El proyecto pasó entonces al Senado. Parecía que Douglas lograría finalmente completar la organización de Nebraska. Pero resultó que los senadores del Sur no estaban dispuestos a dejar pasar el asunto sin más. Al darse cuenta de que el proyecto de ley no mencionaba el futuro de la esclavitud en el nuevo territorio al oeste de Iowa y Misuri, todos se unieron para votar en contra. No se mencionaba la autorización de la esclavitud en Nebraska, lo que hacía evidente que los autores del proyecto de ley habían previsto que fuera un estado libre de esclavos, ya que la mayor parte se encontraba al norte de la línea del compromiso de Misuri. Liderados por el senador de Misuri David Atchison, los senadores sureños se unieron en contra del proyecto de ley, que fue de nuevo presentado. El Senado suspendió sus actividades y ambas partes se retiraron a trabajar en sus estrategias.

Cuando el Senado volvió a reunirse en diciembre, quedó claro que Atchison y sus partidarios no estaban dispuestos a negociar los términos del acuerdo. El Sur se opuso unánimemente a la organización de Nebraska como territorio, tal como se proponía en el proyecto de ley. Esto se debió principalmente al hecho de que Nebraska y la cuestión del ferrocarril estaban cada vez más relacionadas entre sí, y los norteños no dejarían pasar una sin la otra. Atchison y otros estaban dispuestos a dejar que la organización de Nebraska fracasara, aunque fuera a costa del ferrocarril transcontinental.

La presión era fuerte en ambos bandos. Para los sureños, el establecimiento de otro territorio (y eventualmente un estado) al norte de la línea del compromiso de Misuri significaría que sus esperanzas de ampliar los territorios esclavistas estaban básicamente acabadas. Por otro lado, los senadores del Norte, especialmente Douglas, pusieron más énfasis en la construcción del ferrocarril, que habría proporcionado al Norte enormes beneficios económicos, ya que el ferrocarril comenzaría en Illinois. También contaban con una ventaja legislativa sobre su oposición gracias al compromiso del Misuri.

Al final, lo que determinó el destino de Nebraska, el ferrocarril transcontinental y la cuestión de la esclavitud en los nuevos territorios fue un punto tomado del compromiso de 1850, que establecía que los habitantes de Nuevo México y Utah elegirían si permitían o no la práctica de la esclavitud por sí mismos. Sin embargo, los dos territorios, aunque técnicamente caían a ambos lados de la línea del compromiso de Misuri, nunca formaron parte de la Compra de Luisiana, por lo que la cuestión de si se permitiría o no la esclavitud allí no estaba sujeta al compromiso de Misuri. A pesar de ello, Douglas propuso un nuevo proyecto de ley en enero de 1854 que establecía que el mismo principio de soberanía popular se aplicaría al territorio de Nebraska, es decir, a los habitantes de la vasta zona que abarcaba desde la actual Kansas hasta la frontera entre Estados Unidos y Canadá. Pero esto creó confusión en el Senado, pues muchos creían que el acuerdo no sería beneficioso para los propietarios de esclavos, ya que no anulaba por completo el compromiso de Misuri. Algunos sureños pensaban que podrían Surgir problemas en el futuro si intentaban expandir sus prácticas en una porción de tierra tan vasta.

Ley Kansas-Nebraska
https://commons.wikimedia.org/wiki/File:McConnell%27s_historical_map_Kansas-Nebraska_Act,_1854.jpg

Tras otra ronda de reuniones entre ambas partes, en la que ahora también participó el presidente Pierce, se propuso otra versión del proyecto de ley a finales de enero. Esta vez, establecía explícitamente una derogación completa de la línea del compromiso de Misuri y dividía el territorio original no organizado en dos partes: Nebraska y Kansas. La justificación del primer punto era que el compromiso de 1850 ya había derogado, en cierto modo, el compromiso de Misuri, por lo que no era necesario seguir aplicándolo (aunque nunca se había previsto que Nuevo México y Utah quedaran incluidos por la legislación de 1820). El debate sobre el asunto duró unos cuatro meses y no se limitó al Congreso. Quienes en el Norte creían en el abolicionismo salieron a las calles, organizando protestas contra el proyecto de ley. La oposición al proyecto de ley, conocida como el movimiento Anti-Nebraska, creía que era claramente favorable a la esclavitud e inconstitucional.

A pesar de la dura oposición, el Senado aprobó el proyecto de ley con 37 votos a favor y 14 en contra, con 14 senadores de los estados libres votando a favor. Una vez que la Cámara comenzó a debatir el proyecto, quedó claro que se había convertido en una cuestión sectaria y que los congresistas ya no actuaban según las líneas de su partido. Los 45 whigs del Norte se opusieron al proyecto de ley, mientras que los votos de los demócratas del Norte se dividieron en 45 a favor y 42 en contra.

El Sur estaba más dividido, con 69 votos a favor y 9 en contra. El 30 de mayo de 1854, el presidente Pierce promulgó la Ley Kansas-Nebraska.

Kansas sangrante

La firma de la Ley Kansas-Nebraska inició una cadena de acontecimientos que condujeron a una mayor desestabilización en los territorios recién establecidos, algo que se amplificó aún más por las divisiones entre los whigs y los demócratas. La ley supuso una clara victoria para los propietarios de esclavos del Sur. Creían tener una oportunidad, gracias a la cláusula de soberanía popular que establecía que los habitantes de los nuevos territorios tenían derecho a elegir su estatus de esclavos. Cuando los inmigrantes de ambos bandos empezaron a inundar Kansas y Nebraska, quedó claro que, en lugar de tratar el acuciante tema de la esclavitud, el Congreso lo había evitado una vez más, permitiendo que la población local decidiera por sí misma. Aunque la soberanía popular sonaba bien en ese momento (después de todo, la gente que vivía en el territorio sería la más afectada por la decisión), los acontecimientos que se desarrollaron demostraron lo polarizados que estaban los dos bandos y hasta qué punto estaban dispuestos a imponer sus creencias.

Sin embargo, nunca hubo realmente una «lucha justa» sobre los derechos de la esclavitud cuando se trató de Kansas. La mayoría de los nuevos habitantes estaban a favor de la esclavitud, y organizaron la ciudad de Atchison en honor del senador que había luchado por la expansión de la esclavitud durante los debates sobre la ley. Pronto, los propietarios de esclavos del Sur empezaron a afluir en masa a Kansas, tratando de influir en la próxima votación a su favor y consolidar el derecho del territorio a la esclavitud. En cierto modo, fue un esfuerzo organizado de los esclavistas sureños, que emigraron desde el cercano estado esclavista de Misuri para luchar por la esclavitud. A estos hombres, que a menudo iban armados, se los conocía como «rufianes fronterizos». Su única motivación era ayudar a Kansas a convertirse en proesclavista. Los rufianes fronterizos solían asaltar e intimidar a la población, obligándola a jurar lealtad a su causa y a votar en contra de la prohibición de la esclavitud en Kansas. Era un movimiento bien organizado, pero se desconoce si tenía o no vínculos reales con los gobiernos proesclavistas del Sur.

Por otro lado, los abolicionistas que se establecieron en Kansas eran igual de resistentes y centrados. Había muchos menos inmigrantes del

Norte, pero se habían instalado en Kansas por la causa del abolicionismo. Los primeros inmigrantes abolicionistas fueron elogiados por los medios de comunicación y los políticos del Norte por sus esfuerzos, ya que convirtieron la cuestión de Kansas en un asunto de importancia nacional. Los abolicionistas, a menudo llamados *Free Soilers* (traducción literal: Suelo libre) fundaron las ciudades de Topeka y Lawrence y opusieron una resistencia algo firme a los rufianes fronterizos, a pesar de estar en inferioridad numérica.

Las tensiones entre ambos bandos en Kansas se intensificaron durante la primera elección de su legislatura territorial en marzo de 1855. Estas elecciones serían cruciales para determinar si se permitiría o no la esclavitud. La elección, que tuvo lugar el 30 de marzo, estuvo fuertemente influenciada por los rufianes fronterizos, que llegaron en gran número desde Misuri para participar en la votación e inclinarla a favor de los candidatos proesclavistas. Solo dos de los 39 escaños fueron ganados por candidatos abolicionistas. Los *Free Soilers* protestaron por los resultados y consiguieron convencer al gobernador territorial de que celebrara otras elecciones en mayo. Los abolicionistas mejoraron, pero aun así perdieron las elecciones, ya que diecinueve escaños fueron para los candidatos proesclavistas.

En julio, la legislatura favorable a la esclavitud se reunió en la ciudad de Pawnee y elaboró una legislación que seguía en gran medida el modelo del estado fronterizo de Misuri y permitía la práctica de la esclavitud. Por otra parte, los *Free Soilers*, que creían que las elecciones seguían siendo fraudulentas, se reunieron en Topeka, creando su propia versión de la legislación y afirmando que era legítima. A finales del verano de 1855, había dos bandos muy polarizados en el territorio de Kansas. Ambos bandos entregaron su legislatura al Congreso para que la revisara y aceptara, pero debido al apoyo del presidente Pierce, favorable a la esclavitud, los *Free Soilers* no tenían ninguna posibilidad. El debate sobre el asunto se pospuso y el Congreso nombró un comité especial de tres hombres para que llegara a Kansas y evaluara la situación. Un año después, tras llevar a cabo una serie de investigaciones y revisar documentos, el comité llegó a la conclusión de que las elecciones originales de 1855 habían estado muy influidas por inmigrantes sureños no residentes, que solo habían cruzado la frontera hacia Kansas para votar a candidatos proesclavistas. El comité declaró que la legislación proesclavista que se había elaborado era fraudulenta y no reflejaba la opinión de la mayoría de los residentes de Kansas.

Sin embargo, la decisión del comité no cambió la situación tan polarizada de Kansas. Los dos bandos seguían en pie, cada uno creyendo haber sido legítimo y creando ahora sus propias versiones de una constitución para presentarla al Senado. La división pronto se transformó en un enfrentamiento armado sin cuartel entre los *Free Soilers* y los sureños a favor de la esclavitud.

Tras el asesinato de un *Free Soiler* a manos de un residente de Kansas proesclavista en noviembre de 1855 (en un asunto personal no relacionado con la política), estallaron una serie de enfrentamientos armados entre ambos bandos. La milicia proesclavista de Kansas, armada con pistolas robadas y un cañón, acampó cerca de Lawrence, ciudad de los *Free Soilers*. Afortunadamente, el gobernador de Lawrence consiguió negociar con la milicia y evitó una mayor escalada del conflicto.

Al mismo tiempo, el Senado estaba ocupado revisando las diferentes constituciones de Kansas que se habían presentado. La Constitución de Topeka, redactada por los abolicionistas de Topeka, fue rechazada a principios de 1856, gracias al presidente Pierce, que dijo que el gobierno de Kansas de los *Free Soilers* era ilegítimo (algo que quedó parcialmente desmentido por las conclusiones del comité). La Constitución de Lecompton, que estaba a favor de la esclavitud, fue la siguiente, pero los *Free Soilers* se negaron a presentarse a votar. Aun así, el documento se presentó al Congreso para su aprobación, pero este lo devolvió, señalando que no reflejaba la opinión de la mayoría de los votantes de Kansas.

El tercer documento que revisó el Congreso fue la Constitución de Leavenworth, redactada y aprobada por los *Free Soilers*. Sin embargo, el Senado rechazó rápidamente el documento, ya que no solo era radicalmente antiesclavista, sino que también exigía el derecho al voto para todos los ciudadanos varones, incluidos los negros. La Constitución de Wyandotte, otro documento de los *Free Soilers*, fue redactada y enviada al Congreso para su revisión en 1859. Un referéndum representativo popular celebrado en Kansas aprobó milagrosamente la aprobación del documento en octubre de 1859, pero el Senado, todavía dominado por senadores favorables a la esclavitud, archivó el proyecto.

A medida que continuaban los debates en el Senado, también lo hacían los esfuerzos de los partidos proesclavistas por eliminar y socavar la resistencia abolicionista en Kansas. En el infame saqueo de Lawrence, que tuvo lugar en mayo de 1856, cientos de habitantes proesclavistas armados de Misuri invadieron abiertamente Kansas y saquearon la ciudad abolicionista de Lawrence. Fue un brutal acto de agresión, quizá el primer conflicto armado conocido entre las fuerzas pro y antiesclavistas del país. La situación no se calmó. En el Senado, los abolicionistas sacaron cada vez más el tema. Los debates llegaron a ser tan acalorados que el congresista de Carolina del Sur, Preston Brooks, atacó al senador Charles Sumner, de Massachusetts, y estuvo a punto de matarlo a golpes. Aunque sus acciones fueron rápidamente condenadas, quedó claro que la cuestión de la esclavitud en Kansas había penetrado en la corriente dominante y ampliado la división entre el Norte y el Sur.

La lucha por el dominio entre los *Free Soilers* y las fuerzas favorables a la esclavitud en Kansas continuó hasta 1861, que fue cuando Kansas fue finalmente admitido en la Unión como estado libre. Esto sucedió tras la elección de Abraham Lincoln como presidente y la secesión de los estados del sur de la Unión. El periodo de seis años de inestabilidad y altos niveles de polarización en Kansas se conoce a menudo como «Kansas sangrante». Los acontecimientos de Kansas sangrante quizá describan mejor la situación política del país en la década de 1850, un decenio en el que decisiones cruciales, como la firma del compromiso de 1850 y la Ley Kansas-Nebraska, condujeron al inicio de la guerra entre el Norte y el Sur.

Capítulo 4 - El Partido Republicano

La firma de la Ley Kansas-Nebraska fue el último clavo en el ataúd para las divisiones seccionales dentro de los demócratas y los whigs. Con el tiempo, esta división provocó la creación del Partido Republicano, que consiguió ganar mucha tracción y se ha convertido en uno de los dos actores políticos más dominantes de EE. UU. en la actualidad.

La fundación del partido

En retrospectiva, cuando se observa el clima político de Estados Unidos tras la guerra mexicano-estadounidense, queda claro que tanto los whigs como los demócratas tenían importantes problemas dentro de sus partidos. Debido a la extrema división en torno a la esclavitud, las opiniones de los whigs y los demócratas a menudo no se basaban en su alineación partidista, sino más bien en su lugar de procedencia. Durante los debates en el Congreso, los demócratas y los whigs, tanto del Norte como del Sur, solían adoptar posturas similares sobre diferentes temas en lugar de organizar sus opiniones en función de la plataforma de su partido. Era muy confuso y, hasta cierto punto, incluso injusto para el votante medio.

Los whigs estaban tan polarizados que no podían llegar a ningún tipo de consenso en lo referente a la esclavitud. El ala sureña de los Whigs era muy conservadora y tenía opiniones favorables a la esclavitud, mientras que los miembros de la nueva ala antiesclavista aumentaron en número a lo largo de la década de 1850. Esta división se había manifestado durante las elecciones presidenciales de 1852, cuando el candidato whig, Winfield Scott, antiguo general durante la guerra mexicano-estadounidense, fue aplastado por Franklin Pierce, el candidato demócrata. Una gran parte de los whigs se había opuesto a la nominación de Scott en primer lugar, algo que se convirtió en un factor fundamental en su ineficaz campaña y su eventual derrota.

Tras la aprobación de la Ley Kansas-Nebraska, las divisiones dentro del Partido Whig se hicieron más relevantes que nunca. Al considerar la nueva ley abrumadoramente proesclavista, varios whigs antiesclavistas, conocidos como «whigs de conciencia», decidieron abandonar su partido y proseguir sus esfuerzos de forma independiente. Estaba a punto de fundarse un nuevo partido en Estados Unidos que rápidamente transformaría para siempre el panorama político del país. Un hombre de negocios y líder del ala abolicionista radical del partido, Zachariah Chandler, y Salmon P. Chase y el ex presidente Martin Van Buren, líderes del Partido Free Soil, encabezaron el movimiento.

Estos individuos de ideas afines se unieron en el movimiento contra Nebraska, criticando la aprobación de la ley proesclavista e instando a otros a unirse a su causa. En las reuniones contra Nebraska celebradas en Ripon, Wisconsin, en mayo de 1854, y en Jackson, Michigan, en julio, propusieron formar oficialmente un nuevo partido que se opusiera a la esclavitud en los territorios. Se llamaron a sí mismos los Republicanos, tomando prestado tal vez de Thomas Jefferson cuando estableció por primera vez el Partido Demócrata-Republicano en 1792; finalmente abandonaron la segunda parte de su nombre.

Tierra libre, mano de obra libre, hombres libres

Los principios que defendía el recién creado Partido Republicano eran un conglomerado de ideas y valores diferentes. Obviamente, la oposición a la expansión de la esclavitud era la idea central, la que atraía a todos los miembros. Sin embargo, no era la única. Los republicanos imaginaban unos Estados Unidos completamente libres, donde la esclavitud sería abolida en todos los estados, a pesar de su historia o de su dependencia económica de esta práctica. Para sustituir una parte tan vasta de la economía del país, los republicanos abogaban por la modernización de Estados Unidos mediante, por ejemplo, la construcción de más fábricas y ferrocarriles, y la implantación de un nuevo sistema bancario que ofreciera nuevas oportunidades a los ciudadanos medios al darles condiciones más flexibles en los préstamos. Además, los republicanos también querían ampliar la esfera agrícola del país regalando las tierras no desarrolladas del oeste a los agricultores en lugar de venderlas a los ya ricos propietarios de esclavos. Los republicanos afirmaban que un trabajo capitalista de libre mercado que funcionara adecuadamente era la base y el futuro de Estados Unidos. Prometieron hacer todo lo que estuviera en sus manos para que el país volviera a este rumbo abandonado durante tanto tiempo. Había nacido la idea de «tierra libre, trabajo libre, hombres libres», que dio al Partido Republicano un conjunto único de valores que lo diferenciaban de los whigs y los demócratas, que seguían divididos en gran medida en cuestiones importantes.

En medio de los acontecimientos de Kansas sangrante, el Partido Republicano organizó su primera convención nacional en Pittsburgh, Pensilvania, en febrero de 1856. Allí, los miembros del partido volvieron a plantear y definir claramente sus objetivos, que giraban en torno a la causa de luchar contra la futura expansión de la esclavitud. También demostraron claramente su postura de defender a los *Free Soilers* de Kansas, que estaban bajo la amenaza física directa de su oposición sureña. El partido también criticó la administración del presidente Pierce, abrumadoramente favorable a la esclavitud, condenando sus imprudentes y odiosas actividades en el país.

En junio de ese mismo año, el Partido Republicano nombró a su primer candidato presidencial: John C. Frémont. Ex mayor del ejército estadounidense durante la guerra mexicano-estadounidense, Frémont había desempeñado un papel importante en la campaña de California y se había hecho un nombre tras el final de la guerra al enriquecerse con la fiebre del oro de California. Aunque Frémont no consiguió ganar las elecciones presidenciales de 1856, obtuvo un total de once estados, todos ellos en el norte. Se quedó corto ante el demócrata James Buchanan, cuya campaña fue ambigua en la cuestión de la esclavitud. El candidato de los whigs, Millard Fillmore, sufrió una aplastante derrota, obteniendo solo un estado y siendo víctima del caos político que se había establecido entre los whigs tras la ruptura del partido.

A pesar de la derrota de los republicanos en las elecciones de 1856, el futuro del partido parecía prometedor. Después de todo, en sus primeras elecciones obtuvieron alrededor de un tercio del voto popular.

El éxito del partido se atribuyó en gran medida a su clara postura. Mucha gente se sentía atraída por los ideales de «tierra libre, trabajo libre, hombres libres» y sabía exactamente lo que estaba eligiendo cuando marcaba a los republicanos en la papeleta electoral. En los años siguientes, más políticos decidieron unirse al Partido Republicano, procedentes tanto de los whigs como de los demócratas, contribuyendo aún más a su ascenso antes de las cruciales elecciones de 1860.

Capítulo 5 - Las elecciones presidenciales de 1860

El año 1856 fue la última vez que un candidato Whig se presentó a las elecciones presidenciales. Tras la desintegración del partido, los republicanos se convirtieron en la segunda entidad política del país. Los cuatro años siguientes, hasta las elecciones presidenciales de 1860, se caracterizaron por una polarización aún mayor entre los bandos a favor y en contra de la esclavitud. Las elecciones presidenciales de 1860 tuvieron enormes implicaciones que cambiaron para siempre el curso del país y condujeron directamente al estallido de la guerra de Secesión.

Este capítulo cubrirá brevemente los acontecimientos más importantes del periodo de cuatro años que precedió a la elección de 1860, explorará la elección misma y hablará de algunas de sus consecuencias más inmediatas.

La decisión Dred Scott

El demócrata James Buchanan ganó las elecciones presidenciales de 1856 con poco más del 45 por ciento del voto popular. Sin embargo, las cosas no pintaban bien para su partido ni para los whigs. Este último había sufrido una división sustancial, con varios de sus miembros más influyentes abandonando el partido para unirse a las crecientes filas de los republicanos. Los demócratas seguían sin tener un rumbo distintivo que ofrecer a sus votantes. La cuestión de la esclavitud era más relevante que nunca, ya que los sucesos de Kansas sangrante estaban ocurriendo en paralelo a las elecciones. Pero a diferencia del ex presidente Pierce, que al menos había mostrado su apoyo a la expansión de la esclavitud en el territorio de Kansas, la administración de Buchanan guardó más bien silencio sobre el asunto.

La cuestión de la esclavitud se amplificó aún más con el famoso caso Dred Scott, que acaparó gran atención nacional en la década de 1850. El veredicto final se dictó apenas dos días después de la toma de posesión de Buchanan. En resumen, Dred Scott era un afroamericano nacido en la esclavitud en Virginia. Vivió con su dueño primero en Alabama y más tarde en Misuri. Finalmente, el Dr. John Emerson, cirujano del ejército, compró a Dred Scott en 1832 y se lo llevó primero a Illinois —un estado libre— y luego a Wisconsin —un territorio libre de esclavos según el compromiso de Misuri. Emerson viajó mucho, pero finalmente regresó a Misuri.

Tras la muerte de Emerson, Scott y su esposa, Harriet Robinson, que también era esclava, intentaron comprar su libertad a la esposa de Emerson, Irene Sandford, que se convirtió en su propietaria tras la muerte de su marido. Irene rechazó sus ofertas, lo que los obligó a presentar dos demandas separadas contra ella en abril de 1846 en Misuri, donde residían. Los estatutos de Misuri de la época permitían a los afroamericanos demandar por esclavitud injusta. Tras la llegada de un esclavo a un territorio libre, se convertía automáticamente en libre y no debía volver a ser esclavizado después de volver a entrar en territorios donde la esclavitud era legal. El famoso lema de Misuri era «una vez libre, siempre libre», y Scott y su esposa esperaban que los ayudara a conseguir la libertad.

Una fotografía de Dred Scott
https://commons.wikimedia.org/wiki/File:Dred_Scott_photograph_(circa_1857).jpg

Sin embargo, en junio de 1847, el tribunal falló en su contra. En un nuevo juicio, tres años más tarde, consiguieron la libertad. Irene Sandford estaba desolada por su derrota y decidió apelar el caso ante el Tribunal Supremo de Misuri, combinando las dos demandas separadas de Dred Scott y Harriet Robinson en una sola. Convenció al tribunal para que anulara la decisión anterior y reclamó la propiedad de Scott y Harriet en 1852. Fue todo un espectáculo y fue seguido rápidamente por una apelación de Scott ante el Tribunal de Circuito de EE. UU. en Misuri en diciembre de 1854, que perdió.

Para entonces, el caso había llamado la atención de muchos abolicionistas, que ayudaron económicamente a Scott y le prestaron servicios jurídicos. Con su apoyo, Scott volvió a apelar el caso, esta vez ante el Tribunal Supremo de Estados Unidos, el más alto sistema judicial del país.

A pesar de creer plenamente que no se había equivocado y a pesar de todo el apoyo de diferentes políticos abolicionistas y figuras de la sociedad civil, el Tribunal Supremo denegó a Scott el derecho a su libertad el 6 de marzo de 1857. La decisión conmocionó al país y abrió una brecha más entre los abolicionistas del Norte y los esclavistas del Sur. El caso ganó popularidad gracias a la justificación del Tribunal Supremo. Dirigido por el presidente del Tribunal Supremo, Roger Taney, un sureño, el Tribunal Supremo tomó su decisión basándose en dos puntos muy discutibles. En primer lugar, todos los afrodescendientes, fueran o no esclavos, no eran ciudadanos de Estados Unidos y, por tanto, no tenían derecho a demandar a nadie ante un tribunal federal. En segundo lugar, el Tribunal Supremo declaró inconstitucional el compromiso de Misuri de 1820, una legislación que había determinado el futuro de la expansión estadounidense durante más de cincuenta años. El Tribunal Supremo no solo rechazó los argumentos de Scott, sino que básicamente dijo que el Congreso no tenía derecho constitucional a determinar la expansión de la esclavitud en los nuevos territorios.

La decisión de Dred Scott fue fatal para los Estados Unidos de antes de la guerra. No solo anuló un acto histórico de cinco décadas de duración, sino que también consiguió enfadar a una parte importante de los estadounidenses. Los abolicionistas del Norte, blancos y negros por igual, protestaron contra la decisión del Tribunal Supremo, calificándola de injusta. Afirmaban (y no sin razón) que la decisión final del Tribunal Supremo no era estadounidense en ningún sentido y no tenía en cuenta los principios democráticos sobre los que se fundó el país.

Así, solo dos días después de entrar en el cargo, el presidente Buchanan se encontró a sí mismo y a todo el país en un incendio provocado por la cuestión de la esclavitud. El destino de Kansas estaba en el candelero, y la decisión Dred Scott disgustó enormemente a los abolicionistas; parece que el mandato de Buchanan estaba condenado desde el principio. El Norte y el Sur se odiaban. Era una crisis política en toda regla, en la que ninguna de las partes estaba dispuesta a ceder un ápice. No es de extrañar que, en los años siguientes a su toma de posesión, Buchanan y su administración fueran incapaces de introducir ninguna medida eficaz para hacer frente a la situación.

La enemistad de los demócratas

La creación del Partido Republicano no solo fue destructiva para los whigs. Fue casi igual de perjudicial para los demócratas, que llevaban mucho tiempo luchando entre ellos y eran quizá el más polarizado de los dos grandes partidos del país. Las divisiones seccionales de los demócratas fueron causadas en gran parte por el ala proesclavista extrema del partido, llamada los «tragafuegos». Estos demócratas sureños no solo eran los mayores defensores de la esclavitud y su expansión en los territorios estadounidenses, sino que también abogaban por la secesión de los estados del sur de la Unión. Creían que las diferencias entre el Norte y el Sur ya no tenían arreglo y que el daño ya estaba hecho. Los tragafuegos constituían solo una minoría del partido a principios de la década de 1850, pero poco a poco fueron creciendo en número a medida que los demócratas ganaban más escaños en los estados del sur.

Tras ocho años de presidentes demócratas en su mayoría favorables a la esclavitud, varios demócratas abolicionistas del Norte habían abandonado el partido en 1860 para unirse a los republicanos. Aun así, algunos de los demócratas más destacados de la época, como Stephen A. Douglas, permanecieron en el partido y lo dirigieron durante un duro periodo de cuatro años tras la elección de James Buchanan.

En abril de 1860, la Convención Nacional Demócrata se reunió en Charleston, Carolina del Sur. La idea principal de la convención era designar al próximo candidato presidencial que se presentaría por el partido en otoño. Para entonces, el número de miembros esclavistas extremistas superaba al de los miembros moderados y abolicionistas del partido. Y como la convención se celebraba en Charleston, que era una ciudad sureña, asistían principalmente miembros proesclavistas del partido. Aun así, Douglas era el favorito para la nominación demócrata, a pesar de que se lo consideraba miembro del ala más moderada. Era quizá el miembro más distinguido del partido, ya que había trabajado mucho en la aprobación de la Ley Kansas-Nebraska.

Sin embargo, los tragafuegos se opusieron con vehemencia a su candidatura. Habían preparado una plataforma extremadamente favorable a la esclavitud para que fuera respaldada durante las elecciones. Entre otros puntos, incluía un claro apoyo a la decisión Dred Scott, un punto al que se opusieron instantáneamente los demócratas abolicionistas del Norte. Los abolicionistas afirmaban que, si se adoptaba una plataforma así, perderían apoyo en estados fundamentales, como Nueva York o Pensilvania, lo que haría casi imposible ganar las elecciones. En su lugar, se adoptó una plataforma más moderada por 164 votos a favor y 138 en contra, que no incluía las partes extremadamente favorables a la esclavitud. Los tragafuegos protestaron. Encabezados por William Lowndes Yancey, de Alabama, abandonaron la convención.

En total, cincuenta delegados de los estados del sur abandonaron la convención de Charleston, por lo que los que se quedaron no pudieron llegar a un consenso sobre la designación del siguiente candidato, ya que se necesitaba una mayoría de dos tercios. Douglas recibió 145,5 de los 253 votos emitidos y aventajó a los otros seis candidatos a la nominación; sin embargo, aún necesitaba 56,5 votos más para ser elegido oficialmente candidato presidencial del partido. Al final, la convención no llegó a un consenso y levantó la sesión para reunirse en seis semanas en Baltimore y volver a discutir el asunto.

Los demócratas se reunieron en Baltimore, Maryland, el 18 de junio de 1860 para designar a su candidato. Sin embargo, 110 delegados sureños siguieron boicoteando la asamblea, encabezados por los tragafuegos, que no asistieron a ella. El resto abandonó la convención en cuanto se enteraron de que los puntos favorables a la esclavitud seguirían sin incluirse en la plataforma del partido. Los demócratas restantes se vieron obligados a reanudar la convención en ausencia de los delegados del Sur. Douglas consiguió los dos tercios necesarios. Sin embargo, los delegados restantes se dieron cuenta de la gravedad de la situación y de que sería casi imposible trabajar con los delegados del Sur. Aun así, nombraron a Douglas candidato presidencial demócrata para las elecciones de 1860.

Para entonces, el ala más esclavista del partido había organizado su propia convención en Richmond, Virginia, el 11 de junio. Cuando los demócratas del Norte se reunieron en Baltimore, algunos sureños decidieron unirse a ellos, pero abandonaron la asamblea decepcionados y regresaron a Richmond, donde planeaban designar a su propio candidato presidencial. Como era de esperar, lo primero que hizo el ala sureña fue adoptar la plataforma proesclavista que había sido rechazada por el resto del partido. Tras la aprobación unánime de la plataforma, designaron al vicepresidente John C. Breckinridge como su candidato a la presidencia.

Aunque toda la situación era bastante inusual y todo el mundo reconocía los problemas asociados a ella, la administración del presidente Buchanan se vio obligada a aceptar a dos candidatos demócratas. Buchanan tenía que respaldar a Breckinridge puesto que era el vicepresidente; si no lo hacía, habría sido catastrófico para la imagen de su administración. El presidente esperaba que, gracias a su respaldo, Breckinridge ganara los votos electorales de su estado natal, Pensilvania, que era un estado fundamental para lograr la victoria en las elecciones.

Las divisiones seccionales en el Partido Demócrata resultaron fatales para el futuro del partido. A pesar de dominar el panorama político durante la mayor parte de los últimos veinte años, los demócratas no fueron capaces de hacer frente a los problemas entre los miembros del Norte y del Sur del partido. Todo el mundo sabía que esta división y la nominación de dos candidatos sería muy difícil de superar. Ambos bandos apostaban por conseguir apoyo electoral en el Norte y en el Sur, pero no se dieron cuenta de que sus posibilidades de ganar las elecciones eran más escasas que nunca. El recién formado Partido Republicano se había ganado la atención de los votantes a principios de 1860.

Los republicanos nominan a Lincoln

Las cosas mejoraban para los republicanos, cuyos números no habían hecho más que crecer desde las elecciones de 1856. A diferencia de los demócratas, los republicanos no estaban divididos en cuanto a la esclavitud, al menos no como lo habían estado los demócratas durante décadas. Todos los republicanos se oponían a la expansión de la esclavitud en los nuevos territorios adquiridos por Estados Unidos. Sin embargo, algunos pedían su completa abolición. Esta opinión separaba a los republicanos más moderados de los radicales, aunque la división no era tan extrema como la que existía a favor y en contra de la esclavitud en otros partidos. En general, los republicanos se oponían a la práctica de la esclavitud, por considerarla perjudicial a largo plazo para el desarrollo del país. Lo principal que tenía que decidir el partido era qué candidato representaría sus puntos de vista en la carrera presidencial.

Los republicanos celebraron su convención en Chicago justo después del fracaso de la convención demócrata de Charleston en mayo de 1860. En total, había ocho candidatos que aspiraban a la nominación. De ellos, cuatro tenían quizá las mejores posibilidades: William H. Seward, el gobernador de Nueva York, considerado el principal favorito; Salmon P. Chase, el gobernador de Ohio, que se había opuesto durante mucho tiempo a la esclavitud; el ex representante de Misuri Edward Bates, conservador en la cuestión de la esclavitud y propietario de esclavos; y, por último, Abraham Lincoln, el ex representante de Illinois, que se había hecho famoso durante los debates Lincoln-Douglas de 1858, pero al que no se consideraba con muchas posibilidades frente a Seward.

La convención empezó de forma diferente a lo que algunos habían predicho. Desde el principio, quedó claro que los tres grandes —Seward, Chase y Bates— casi habían dividido al partido, ya que los tres propusieron plataformas muy diferentes y opuestas entre sí. Debido a su entusiasta discurso que apoyaba el concepto del nativismo, Seward fue visto como un radical en materia antiesclavista. Aunque no mencionó la abolición total de la esclavitud, Seward fue quizá malinterpretado por sus colegas, lo que le hizo perder muchos partidarios. Chase, por su parte, expresó sus inflexibles opiniones antiesclavistas, lo que atrajo a muchos abolicionistas radicales del partido. Sin embargo, no tenía tanta experiencia pasada ni tanto prestigio como Seward, lo que dificultaba su comercialización como posible candidato. Además, no contaba con mucho apoyo de los antiguos delegados whigs del partido, ya que había sido demócrata. Por último, Bates no contaba con el cariño de la mayoría del partido porque apoyaba la expansión de la esclavitud en los nuevos territorios, algo que era considerado inaceptable por la mayoría de los delegados.

Esta situación fue bien aprovechada por Abraham Lincoln, quien, a pesar de no ser un claro favorito para ganar la nominación, se había hecho un nombre. Lincoln había manifestado desde hacía tiempo sus opiniones contrarias a la esclavitud. En 1858, se pronunció al respecto en varias ocasiones, incluso durante la crisis de Kansas-Nebraska en 1854 y tras la decisión de Dred Scott. También había ganado bastante popularidad en Illinois, estado en el que residió y desarrolló su carrera política en la Cámara de Representantes.

Aunque Lincoln siempre había participado activamente en los procesos políticos de su estado, el mayor avance de su carrera fue quizá los famosos debates Lincoln-Douglas de 1858, cuando Lincoln y Stephen A. Douglas, que se presentaban a las elecciones como representantes de Illinois, recorrieron el estado y se enzarzaron en una serie de siete debates sobre la cuestión de la esclavitud. Lincoln, que aún era relativamente desconocido fuera de su estado y se oponía firmemente a la expansión de la esclavitud en los nuevos territorios, desafió a un veterano político, Douglas, que abogaba por la soberanía popular. Gracias al talento innato de Lincoln y a su carisma durante sus discursos, así como a su memorable postura y a su estatura de 1,90 m, Lincoln fue capaz de hipnotizar eficazmente a su público y, en muchos casos, fue nombrado vencedor informal de los debates. Aunque finalmente perdió la contienda, fue una batalla reñida. Los acontecimientos de 1858 lo convirtieron en el favorito de los habitantes de Illinois, que se reunían por miles para verlo pronunciar discursos.

Abraham Lincoln
https://commons.wikimedia.org/wiki/File:Abraham_Lincoln_O-77_matte_collodion_print.jpg

Tras haber pronunciado un sorprendente discurso tres meses antes en Nueva York, en el que describió cuidadosamente a los republicanos como el partido donde se valoraban las verdaderas virtudes estadounidenses, las opiniones de Lincoln eran muy conocidas dentro de su partido. El discurso de Cooper Union había sido un éxito masivo para Lincoln, que no tenía intención de utilizar el estrado para promocionarse como posible candidato. En lugar de ello, quería exponer de forma exhaustiva y honesta sus ideas sobre cuestiones cruciales que creía que debían abordarse. El hecho de que la convención republicana se celebrara en su estado natal fue aún más beneficioso para Lincoln, por no hablar del hecho de que sus tres principales oponentes no habían conseguido una ventaja significativa sobre él para el puesto de candidato.

Aunque Lincoln no asistió en persona a la convención, obtuvo el segundo puesto en la primera votación. Seward encabezó la votación, como se preveía, pero no pudo conseguir la mayoría de los votos. En la segunda vuelta, Lincoln experimentó un aumento significativo de sus votos, pasando de 102 a 181 delegados, aunque seguía detrás de Seward por tres votos. En la tercera votación, estaba claro que Lincoln había conseguido el mayor apoyo del partido, ya que aventajaba a Seward en más de 50 votos. Como se necesitaba una mayoría de dos tercios para obtener la nominación final, se celebró una cuarta votación y Lincoln pudo derrotar a Seward, obteniendo 349 votos en total y convirtiéndose en el candidato presidencial republicano para las elecciones de 1860. El senador de Maine, Hannibal Hamlin, fue seleccionado para postularse junto a él como vicepresidente.

Resultados de las elecciones

Además de Stephen A. Douglas y John C. Breckinridge, de los demócratas del Norte y del Sur, respectivamente, y Abraham Lincoln, de los republicanos, hubo otro candidato que se presentó y logró obtener votos electorales. El ex senador de Tennessee, John Bell, representaba al Partido de la Unión Constitucional, que había sido creado por los whigs conservadores tras el hundimiento de su partido. Los antiguos «Know-Nothings» («saber nada»), miembros del infamemente xenófobo y nativista Partido (Nativo) Americano, que había operado en el país desde 1848, también participaban en el Partido de la Unión Constitucional. (Tras la creación del Partido Republicano y el posterior colapso de los whigs, muchos de los antiguos whigs se convirtieron en miembros del Partido Americano, que se oponía a la inmigración de europeos católicos romanos. El partido creía que suponían una amenaza para la prosperidad económica y social de los Estados Unidos protestantes. Al principio, los Know-Nothings se reunían en secreto en Nueva York y, cuando se les preguntaba por su organización secreta, solían responder que no sabían nada, de ahí su nombre.

En 1860, el Partido Americano había perdido gran parte de su fuerza, y sus miembros se unieron en su lugar al naciente Partido de la Unión Constitucional, que hacía hincapié en la necesidad de acatar la Constitución estadounidense y seguir la legislación del país. Debido al relativo silencio del partido sobre la cuestión de la esclavitud y a las opiniones conservadoras de sus miembros, el Partido de la Unión Constitucional era especialmente popular en el Sur esclavista.

Estos cuatro candidatos se enfrentaron en las elecciones de 1860. Los republicanos y los demócratas del Norte mantenían una postura más antiesclavista, mientras que los demócratas del Sur y los unionistas constitucionales eran más proesclavistas. Así, en cierto modo, hubo dos elecciones separadas. El Norte libre tuvo que elegir entre Lincoln y Douglas, contrarios a la esclavitud, ya que la elección de candidatos abiertamente proesclavistas quedaba descartada. Lo contrario ocurría con los votantes del Sur, que tenían que elegir entre Breckinridge y Bell, ya que votar a un candidato claramente antiesclavista podría imponerles cambios directos en su estilo de vida.

Debido a estas circunstancias tan inusuales, no es de extrañar que se produjeran algunas irregularidades en el procedimiento de votación. Por ejemplo, Lincoln ni siquiera figuraba en la papeleta en diez de los estados del sur y no recibió ni un solo voto en 121 condados de los 145 existentes. Aun así, una vez concluidas las elecciones el 6 de noviembre de 1860, Lincoln salió victorioso, gracias al sistema de colegios electorales de Estados Unidos.

Con algo menos del 40 por ciento del voto popular del país, Lincoln obtuvo 180 votos electorales, todos ellos procedentes de estados situados al norte de la línea Mason-Dixon, el Medio Oeste, California y Oregón. Comparativamente, Douglas consiguió el segundo mayor número de votos populares, con cerca del 29,5%, pero solo ganó en dos estados — Misuri y Nueva Jersey— que sumaron solo doce votos electorales. Breckinridge quedó tercero en el voto popular con poco más del 18 por ciento, pero segundo en el voto electoral, logrando obtener 72 y ganando en once estados. Por último, Bell se sacó un verdadero conejo de la chistera al obtener el menor número de votos populares, pero aun así conseguir más votos electorales que Douglas y ganar en tres estados.

Las elecciones de 1860 siguen siendo una de las de mayor participación electoral de la historia de Estados Unidos, con algo más del 81%. Hubo seis estados con un margen de victoria inferior al 5% y cuatro con menos del 1%, lo que la convierte en una de las elecciones más reñidas de la historia del país. Los cuatro candidatos tenían verdaderas posibilidades de ganar las elecciones gracias al colegio electoral, por lo que no es de extrañar que los resultados finales agravaran aún más el clima político del país. Abraham Lincoln, que ni siquiera obtuvo el 40 por ciento de todos los votos, fue elegido presidente de los Estados Unidos.

Capítulo 6 - Estallido de la guerra

En 1860, el pueblo estadounidense eligió a Abraham Lincoln como presidente de los Estados Unidos. Lincoln sabía que tendría que servir en un entorno ya de por sí hostil y extremadamente complejo y se dio cuenta de que tenía que planificar cuidadosamente cada movimiento que quisiera hacer. Como era de esperar, las primeras semanas tras la elección vieron cómo el país se desestabilizaba y dividía aún más, lo que llevó al estallido de un conflicto armado entre los estados del norte y del Sur.

El Sur se separa

Aunque Abraham Lincoln se ganó el título de «Gran Emancipador» cuando firmó la Proclamación de Emancipación el 1 de enero de 1863, en un principio no apoyó la abolición total de la esclavitud. Lincoln reconoció hasta qué punto los estados del sur dependían de la esclavitud. Era el corazón de la vida económica y social del Sur, y aunque Lincoln tenía una clara postura antiesclavista, sabía que el daño que la abolición acarrearía a los sureños sería muy difícil de superar. Lo que él y la mayor parte del Partido Republicano defendían, al menos en 1860, era que la esclavitud era una práctica inherentemente plagada y que su expansión a nuevos territorios de Estados Unidos sería perjudicial para el futuro del país a largo plazo.

Lincoln y otros propusieron un desarrollo lento y gradual de la economía del país para que no dependiera tanto de la mano de obra esclava. Sin embargo, como el Sur estaba tan acostumbrado a la esclavitud, era muy difícil hacer llegar este mensaje a los propietarios de esclavos que habían amasado sus fortunas gracias a la mano de obra esclava.

Por eso, cuando Lincoln llegó a la presidencia, se enfrentó a una inmensa oposición en el Sur. No había pasado ni un mes desde su elección cuando los pensamientos de secesión, que acababan de ser amenazas de los radicales tragafuegos del Congreso, empezaron a hacerse realidad. Pronto, todo el Sur hablaba de separarse de la Unión debido a su descontento con el recién elegido presidente. Creyendo que Lincoln y su administración suponían una amenaza directa para los propietarios de esclavos, se corrió rápidamente la voz en los estados esclavistas de que lo único sensato era abandonar la Unión y organizarse como un país separado.

Este sentimiento fue parcialmente amplificado por un discurso que James Buchanan pronunció cuando aún era presidente. En su discurso, Buchanan reconoció el ambiente hostil que reinaba en el país y subrayó que la Unión dependía de la cooperación pública. Instó a los dos bandos de la oposición a llegar a un acuerdo, ya que sería la única forma de preservar la unidad del país. Sin embargo, afirmó que, si los estados optaban pacíficamente por abandonar la Unión, el Congreso no tenía ningún derecho constitucional a utilizar la fuerza para hacerlos regresar.

En un movimiento audaz e impactante, Carolina del Sur convocó una convención estatal el 20 de diciembre de 1860, y cuatro días después adaptó la Declaración de Secesión de Carolina del Sur, votando por unanimidad abandonar la Unión. Los autores de la declaración subrayaron el hecho de que se había creado una división natural entre los estados del norte y del sur. También subrayaron la importancia de la esclavitud y mencionaron que el Norte había demostrado acciones injustas y hostiles contra la población del Sur, algo que consideraban inconstitucional. Un ejemplo de acción inconstitucional era la oposición del Norte a la Ley de Esclavos Fugitivos.

Otros cinco estados —Misisipi, Florida, Georgia, Alabama y Luisiana— siguieron la secesión de Carolina del Sur en enero. Texas aprobó la decisión de secesión a principios de febrero y celebró un referéndum, que también votó a favor de la secesión el 23 de febrero de 1861. Cada uno de estos estados aprobó declaraciones similares, centradas en el pasado inconstitucional del Norte y en los resultados electorales de 1860, que no transmitían la opinión de la mayoría. Los representantes de estos estados renunciaron entonces a sus cargos en el Congreso y regresaron a sus estados de origen.

Todo esto ocurrió en un lapso de tiempo de apenas dos meses, lo que hizo muy difícil que el gobierno, que estaba en proceso de transición hacia un nuevo presidente, reaccionara en consecuencia a la situación. Lo cierto era que la secesión solo se había percibido antes como una amenaza, no como algo que fuera a producirse realmente. No había nada mencionado específicamente sobre el asunto de la secesión en la Constitución, lo que dejaba al Congreso incapaz de dar una respuesta rápida y eficaz. No solo eso, sino que los partidarios de la secesión creían exactamente lo contrario, citando la décima enmienda sobre los derechos de los estados, que dice que cualquier poder que los estados no concedan al gobierno federal estadounidense o que la Constitución no prohíba a los estados es un derecho que debe decidir el estado en cuestión o su pueblo. Este fue un factor importante y uno de los principales argumentos sobre la legalidad de la secesión de los estados del sur de la Unión.

Los estados secesionistas procedieron a reunirse el 4 de febrero de 1861 en Montgomery, Alabama, un mes antes de la toma de posesión oficial de Lincoln. Allí acordaron formar un nuevo gobierno provisional y constituyeron oficialmente los Estados Confederados de América el 4 de febrero. El gobierno eligió como presidente a Jefferson Davis, antiguo representante de Misisipi, y como vicepresidente a Alexander H. Stephens, de Georgia, cambiando para siempre la historia de Estados Unidos.

Esfuerzos de reconciliación

Los Estados Confederados de América contaban en marzo con siete estados sureños en total, número que acabaría aumentando a once en julio con los estados de Arkansas, Tennessee, Carolina del Norte y Virginia. Tras organizar un nuevo gobierno en febrero, tomaron el control total de los recursos presentes en cada estado, incluida una parte importante del ejército estadounidense, que estaba estacionado en Texas. David E. Twiggs, un general de gran experiencia que estaba al mando del ejército texano, decidió unirse a los confederados y se convirtió en el comandante de las fuerzas confederadas.

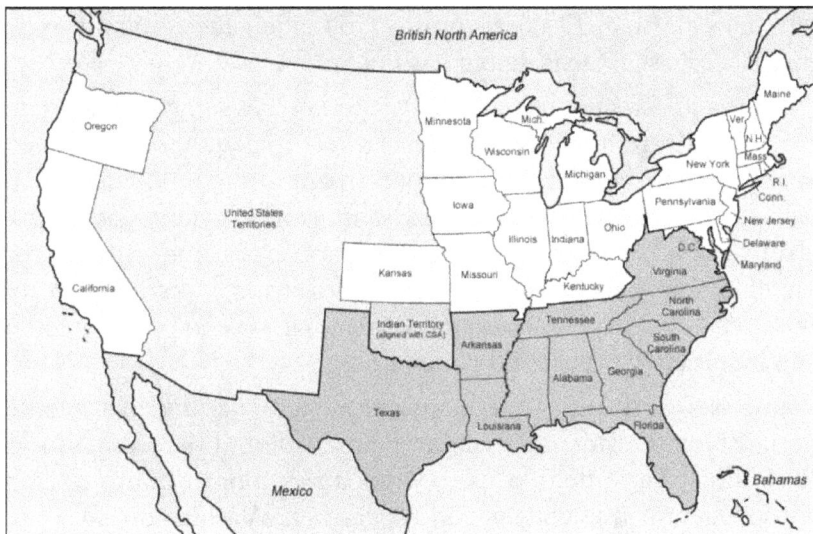

Los Estados Confederados de América

Golbez, CC BY-SA 3.0 <https://creativecommons.org/licenses/by-sa/3.0>, vía Wikimedia Commons https://commons.wikimedia.org/wiki/File:CSA_1861-07-02_to_1861-10-31.png

Ya hemos mencionado que la respuesta del gobierno federal a la secesión fue discreta, en gran parte debido a un periodo de transición en el Congreso en el que la administración de Buchanan estaba siendo sustituida por Lincoln. A pesar de que algunos reconocieron la gravedad de la situación, solo algunos decidieron actuar.

Uno de los primeros esfuerzos por evitar o resolver la crisis de secesión fue el compromiso Crittenden, una propuesta del unionista constitucional John J. Crittenden, de Kentucky. Crittenden proponía que el Congreso garantizara el estatus permanente de la esclavitud en Estados Unidos y sus territorios. Además, Crittenden incluía puntos que se centraban en restablecer la línea del compromiso de Misuri, así como una Ley del Esclavo Fugitivo más estricta que se aplicaría de la misma forma en todo el país. La propuesta fue presentada al Congreso el 18 de diciembre, solo dos días antes de que Carolina del Sur votara unánimemente en su convención estatal a favor de abandonar la Unión.

A primera vista, está claro que la propuesta se encontraría con una feroz oposición por parte de los congresistas del Norte. Crittenden proponía básicamente que el Congreso renunciara a todos sus poderes legislativos para regular la esclavitud y otorgara al Sur el control total sobre el asunto. Lincoln y su partido estaban especialmente en contra de su aprobación y, como tenían la mayoría, acabaron con el proyecto de ley lo antes posible. El compromiso Crittenden fue el último esfuerzo por satisfacer las antiguas demandas del Sur.

Nadie sabe si realmente habría evitado la secesión, y mucho menos la guerra civil. En retrospectiva, es crucial recordar que todas las medidas que el gobierno federal había tomado para abordar la cuestión de la esclavitud no aportaron soluciones satisfactorias a largo plazo para el problema. Por lo tanto, hay razones para creer que el compromiso Crittenden solo habría causado más polarización y complicado más el asunto, retrasando la cuestión una vez más, tal y como el Congreso había hecho innumerables veces en el pasado.

Hubo otros esfuerzos por mantener la paz y la unidad dentro de la Unión. El ex presidente estadounidense John Tyler, retirado de la política desde hacía tiempo, pero preocupado por el futuro de su país, propuso celebrar una convención especial en Washington, D. C., en la que representantes de los estados del sur y del norte se reunieran y debatieran el asunto de la secesión. Se animó a los representantes de todos los estados a asistir, pero el Sur profundo no envió a ningún delegado, por considerar que la convención no produciría ningún resultado importante y porque tenían previsto reunirse ellos mismos para formar un nuevo gobierno provisional. Así, en total, catorce estados libres y siete esclavos asistieron a la convención, que se celebró el 4 de febrero, justo cuando la convención de Montgomery estaba en marcha.

Conocida ahora como la Conferencia de Paz de Washington de 1861, la convención incluyó a 131 políticos que redactaron un documento con un propósito similar al compromiso de Crittenden. El proyecto pretendía reinstaurar y extender la línea del compromiso de Misuri hasta el océano Pacífico y proponía que solo se adquirieran futuros territorios con el voto mayoritario tanto de los estados del sur como de los del norte. También incluía enmiendas constitucionales que impedirían al Congreso interferir legalmente en la cuestión de la esclavitud en los estados donde existiera y nuevas leyes más estrictas en relación con los esclavos fugitivos.

El documento redactado en Washington era casi exactamente igual al propuesto por Crittenden un mes y medio antes. Sin embargo, nunca vio la luz. En el Senado, fue rechazado por una abrumadora mayoría, con veintiocho votos en contra y solo siete a favor.

A los esfuerzos fallidos por reconciliarse con los estados secesionistas siguió la toma de posesión de Abraham Lincoln el 4 de marzo de 1861.

Toda la nación esperaba el discurso del presidente, ansiosa por saber qué diría sobre los estados del sur que habían cesado casi todo contacto con el Norte. «Legalmente nula» es la frase que Lincoln utilizó en su discurso inaugural para referirse a la secesión, afirmando que a pesar de que los estados declararon que se habían marchado, su decisión no tenía ningún efecto en la realidad. A continuación, repitió una vez más su postura sobre la esclavitud, afirmando que nunca había defendido la abolición de la esclavitud en los estados y territorios donde esta práctica era legal, pero que siempre se había opuesto a su expansión en los territorios recién adquiridos. De manera crucial, Lincoln subrayó el hecho de que nunca utilizaría la fuerza para invadir el Sur y obligarlo a reincorporarse a la Unión. Sin embargo, lo que sí declaró fue que utilizaría la fuerza contra los estados del sur si se hacían con el control de la propiedad federal situada en sus posesiones. Esto incluía desde casas de la moneda hasta fuertes y reservas militares. El presidente creía que tenía la obligación moral y legal de hacerlo, ya que había sido elegido presidente de los Estados Unidos por el pueblo, lo que lo vinculaba a todos estos deberes. Por último, Lincoln destacó que haría todo lo que estuviera en su mano para restaurar los «lazos que habían mantenido unida a la Unión».

El ataque a Fort Sumter

Las tensiones entre ambos bandos alcanzaron su punto álgido. Incluso antes del discurso inaugural de Lincoln, en el que prometió usar la fuerza para defender la propiedad federal en los estados secesionistas, ambos bandos sabían que un conflicto armado era inevitable. Sin embargo, ninguna de las partes se atrevió a atacar primero. Las hostilidades entre Carolina del Sur y el ejército estadounidense estuvieron a punto de estallar a principios de año por Fort Sumter, situado a la entrada del puerto de Charleston.

En el momento de la secesión de Carolina del Sur, Fort Sumter no estaba totalmente terminado, pero estaba en condiciones de responder a cualquier amenaza. En su lugar estaba Fort Moultrie, un fuerte mucho más antiguo situado también en el puerto. Su guarnición estaba al mando del comandante Robert Anderson. Las autoridades del estado sabían que tomar el control de los fuertes era fundamental para cualquier tipo de éxito en el conflicto que se avecinaba. Llevaban vigilando ambos fuertes desde diciembre, algo que no había pasado desapercibido para Anderson. Se dio cuenta de que, si la situación empeoraba, él y sus hombres no tendrían ninguna oportunidad en Moultrie. Anderson saboteó los cañones del fuerte y, al amparo de la noche, trasladó en secreto a sus hombres a Fort Sumter el 26 de diciembre.

Durante el mes siguiente, el gobernador Francis W. Pickens entabló encarnizadas conversaciones con Buchanan y su administración para que ordenaran a Anderson y sus hombres la entrega de Fort Sumter a Carolina del Sur, alegando que la existencia de un fuerte armado por fuerzas hostiles era perjudicial para la seguridad del estado. Buchanan respondió que Fort Sumter era propiedad del gobierno de Estados Unidos y que el comandante Anderson tenía derecho a trasladar sus fuerzas de un fuerte del ejército estadounidense a otro. Esto enfureció al gobernador Pickens, que ordenó a las tropas estatales que procedieran a confiscar todos los demás bienes federales en Carolina del Sur. Sus hombres también se aseguraron de que nadie entrara o saliera del fuerte, privando de suministros a los que estaban en Fort Sumter. A finales de enero, el gobernador Pickens volvió a ponerse en contacto con el presidente Buchanan y exigió la rendición del fuerte. Recibió una respuesta negativa.

Las tensiones entre los hombres de Fort Sumter y los secesionistas de Carolina del Sur no aumentarían hasta cuatro meses después. La administración de Lincoln era consciente de la apremiante situación y estaba trabajando en una solución. Por si la crisis de Charleston no fuera suficiente, una situación similar se estaba produciendo en Fort Pickens, en Florida, donde los hombres de la Unión estaban rodeados de secesionistas hostiles. Lincoln era reacio a ser el primero en actuar, consciente de que podría haber sido considerado el agresor, algo que habría tenido implicaciones negativas para su presidencia. En el Gabinete de Lincoln, William H. Seward, que ahora había asumido el cargo de secretario de Estado, aconsejó al presidente que ordenara la retirada de las tropas, pero Lincoln no estuvo de acuerdo.

Al otro lado de la frontera, donde ya se habían establecido los Estados Confederados de América, el presidente confederado Davis se encontraba en el mismo dilema que su homólogo, reconociendo el hecho de que tomar el fuerte era crucial, pero que actuar primero no era una opción. Una delegación del Sur visitó Washington con una oferta para comprar todas las propiedades federales en las tierras que se habían separado y hacer la paz con la Unión, pero Lincoln se negó a los delegados, afirmando que entablar cualquier tipo de negociación significaría que reconocía que la Confederación era una nación soberana, algo que le resultaba inaceptable.

A principios de abril, Fort Sumter se había quedado casi completamente sin suministros, pero los ánimos entre los hombres del fuerte seguían relativamente altos. Anderson tenía 85 soldados que podían luchar, pero unos 50 hombres no combatientes con él, lo que empeoraba aún más la situación. Lincoln era consciente de ello y se comunicó con Pickens el 6 de abril, diciéndole que un barco de socorro sin soldados ni municiones llevaría alimentos y otros suministros necesarios a Fort Sumter. De manera crucial, Lincoln se puso en contacto con Pickens como gobernador estadounidense de Carolina del Sur, no como gobierno provisional confederado. Este movimiento es reconocido como quizás el primero de los muchos triunfos diplomáticos de Lincoln durante el transcurso de la guerra de Secesión.

El mensaje de Lincoln fue discutido por el presidente Davis y sus asesores. Después de mucha consideración, se tomó una decisión crucial, a pesar de cierta oposición del gabinete de Davis. Davis ordenó al comandante de las fuerzas confederadas en Carolina del Sur, Pierre «P. G. T.» Beauregard, que exigiera una vez más la rendición de Fort Sumter. En caso de respuesta negativa, Beauregard debía proceder al asalto del fuerte antes de que llegara el barco de suministros.

A primera hora de la mañana del 12 de abril, se disparó el primer tiro de la guerra de Secesión contra Fuerte Sumter, el primero de los 4.000 que cayeron sobre el fuerte. Anderson y sus hombres, que estaban superados en armamento y número, sabían que el final estaba cerca, pero aun así presentaron batalla. Fort Sumter cayó al día siguiente, sin bajas en ninguno de los bandos. Anderson se vio obligado a aceptar la rendición, ya que la situación era desesperada.

El Norte lloraba la pérdida de Fort Sumter y todos esperaban la respuesta de Lincoln. El 15 de abril, dos días después de la rendición del fuerte, Lincoln calificó de «insurrección» la secesión de los estados del sur. Además, convocó a todos los estados a reunir una fuerza voluntaria de 75.000 hombres para servir durante tres meses, una acción decisiva que congregó al público y concentró sus esfuerzos. Miles de voluntarios se alistaron, cumpliendo rápidamente las exigencias del presidente, y se prepararon para un conflicto armado. Estados Unidos estaba ahora en guerra, pero en guerra consigo mismo.

Estados fronterizos

A pesar de que la atención del Congreso y de la administración de Lincoln estaba dividida entre tratar de idear un plan para reconciliarse con el Sur y hacer frente a la crisis de Fort Sumter, quedaban otras cuestiones importantes. Una cuestión muy importante que necesitaba respuesta era qué ocurriría con los estados esclavistas que aún no habían decidido separarse de la Unión. Durante el ataque a Fort Sumter, los Estados Confederados de América seguían estando formados por los llamados «siete grandes». Sin embargo, había otros ocho estados esclavistas que todavía tenían que tomar sus decisiones.

Estos estados estaban divididos al respecto. La mitad de estos estados tomaron sus decisiones poco después de las acciones de Lincoln con respecto a Fort Sumter. A partir de mayo de 1861, Virginia, Arkansas, Tennessee y Carolina del Norte se separaron de la Unión y fueron aceptados por la Confederación. La población de estos estados dependía en gran medida de la esclavitud y veía la elección de Lincoln y los republicanos como una amenaza directa a su vida cotidiana.

Los otros cuatro estados —Maryland, Delaware, Kentucky y Misuri— se mostraron más indecisos. Aunque la esclavitud estaba permitida en estos estados, la opinión pública era mucho menos parcial. En lugar de elegir entre permanecer o separarse, estos estados dejaron que el público decidiera lo que quería. Como consecuencia, Maryland, Delaware, Kentucky y Misuri han llegado a ser conocidos como estados fronterizos, ya que ninguno de ellos se separó de la Unión, sino que existieron en una extraña relación simbiótica tanto con el Norte como con el Sur.

En Misuri, se reunió una convención estatal para decidir si se celebraba un referéndum, una decisión muy parecida a la que se había tomado en Texas. A diferencia de Texas, el referéndum demostró un apoyo abrumador a la permanencia en la Unión.

Maryland, cuyos territorios rodeaban Washington D. C., se encontraba en una situación mucho más delicada. A pesar de su proximidad a la capital, había más apoyo a la secesión. Pero entregar Maryland a la Confederación significaría que el esfuerzo bélico llamaría a la puerta de la capital de la Unión, y Lincoln no estaba suficientemente preparado para ese tipo de presión. La legislatura de Maryland votó a favor de permanecer con la Unión, pero en la misma resolución también se mencionaba que no se involucraría en la guerra, cerrando los cruciales ferrocarriles que conectaban el norte con el sur. Lincoln respondió declarando la ley marcial y asegurándose de que todos los funcionarios contrarios a la Unión y los miembros de la Asamblea General de Maryland fueran arrestados. Sus tropas tomaron rápidamente el control del estado. Durante la guerra y tras su finalización, Lincoln sería criticado por sus acciones, que algunos han considerado dictatoriales o antidemocráticas.

En Delaware, las cosas se decidieron de forma mucho más sencilla. A pesar de que la esclavitud estaba permitida, el estado apenas dependía de ella. Desde 1860, el Norte había hecho un gran esfuerzo por intentar integrar la economía de Delaware en la suya. La asamblea general se opuso a la secesión. El sentimiento general de la opinión pública también reflejaba esta decisión, ya que la mayoría de los ciudadanos no eran propietarios de esclavos y preferían que el conflicto terminara por medios pacíficos. El hecho de que Delaware se adentrara en territorio norteño también pudo influir en la decisión, ya que habría sido mucho más difícil para la Confederación defender Delaware.

La situación resultó ser de lo más explosiva en Kentucky. Existían varias opiniones diferentes sobre qué hacer exactamente, pero el estado aprobó finalmente la legislación sobre la asunción de la neutralidad en mayo, declarando que seguiría siendo neutral si ninguno de los dos bandos lo invadía. A lo largo de la guerra, tanto la Unión como la Confederación consideraron a Kentucky como uno de los suyos, y los kentuckianos se alistaron en ambos ejércitos. Después de que los unionistas obtuvieran más escaños en las elecciones estatales del verano de 1861, la Confederación solo contaba con el apoyo de una pequeña minoría de funcionarios estatales. Las fuerzas confederadas invadieron Kentucky, pero se encontraron con la feroz oposición de los unionistas, que no cedieron ni un ápice ante los invasores y consiguieron aferrarse a las partes más valiosas del estado, incluida su capital, Frankfort. A lo largo de la guerra, la Confederación reconoció a Kentucky como uno de los estados confederados e incluso lo incluyó en la versión final de la bandera. El presidente Lincoln señaló personalmente en diferentes ocasiones lo fundamental que era mantener Kentucky para la Unión y el esfuerzo defensivo en la guerra.

Capítulo 7 - Estados Unidos en guerra

Ahora que hemos cubierto los acontecimientos previos a la guerra de Secesión, es hora de pasar directamente a la acción. Este capítulo se centrará en examinar las fortalezas y debilidades de la Unión y la Confederación a lo largo de la guerra de Secesión y cubrirá algunas de las principales estrategias que cada bando empleó.

¿Estaba Estados Unidos preparado para la guerra?

A pesar de que los Estados Unidos aún no habían sido derrotados en una guerra en el extranjero después de obtener la independencia, es seguro decir al observar los recursos militares del país en la década de 1860 que no estaba preparado para la guerra, y mucho menos para una guerra contra sí mismo. Contaba con un ejército permanente de unos 16.000 soldados, un número ínfimo en comparación con los grandes imperios de Europa en el siglo XIX. Sin embargo, en 1812, Estados Unidos había logrado mantener a raya a los británicos y, en la década de 1840, había derrotado decisivamente a México, a pesar de que el ejército mexicano superaba ampliamente en número al estadounidense. Entonces, ¿dónde residía exactamente su secreto?

Los 16.000 hombres que ya estaban listos para el servicio se dispersaron por todo el país en pequeños números; el comandante Anderson y sus soldados de Fort Sumter son solo un ejemplo. Estaban apostados en todas partes, desde los territorios fortificados de los nativos americanos hasta los puertos. Los Padres Fundadores habían basado la filosofía militar del país en reunir milicias cuando fuera necesario en tiempos de guerra. El sistema de milicias se basaba únicamente en el servicio voluntario; los estados proporcionaban hombres que querían luchar. Tras el fin de la guerra, estos hombres normalmente se dispersaban, volviendo a sus vidas, si era posible, y solo una minoría continuaba con el entrenamiento formal y el servicio.

Sobre el papel, el Norte era mucho más capaz militarmente que el Sur. Más del doble de los sureños vivían en el Norte, y cerca de la mitad de los sureños eran esclavos. Esto daba a la Unión una ventaja significativa en cuanto a número de hombres. En una guerra de desgaste larga y prolongada, teóricamente podría haberse apoyado en esta ventaja para lograr la victoria. Y debido a la dependencia del Sur del estilo de vida agrario y la esclavitud, el Norte tenía mucha más capacidad industrial para producir armas. Al sur del río Potomac había menos de 20.000 plantas de fabricación, mientras que el Norte disponía de unas 100.000.

A pesar de esta aparente desventaja, la Confederación esperaba dar una buena batalla, contando con la posibilidad de ayuda exterior de Europa, principalmente de Francia y Gran Bretaña. Mediante lo que se ha dado en llamar la diplomacia del algodón, el gobierno confederado solicitó ayuda a los europeos y amenazó con bloquear las exportaciones de algodón como factor de presión. Sin embargo, en parte gracias a los esfuerzos del secretario de Estado Seward, que notificó debidamente a los europeos que reconocer a la Confederación significaría enemistarse con el gobierno de la Unión, y en parte debido al hecho de que los europeos podían obtener su algodón de Asia, la diplomacia del algodón fracasó. El presidente confederado Davis y su gobierno quizás tenían demasiadas esperanzas de que Europa interfiriera en la guerra y se sintieron decepcionados cuando supieron que estarían solos.

Aunque la Confederación tenía más armas y hombres que la Unión, los confederados tenían la moral alta. Estaban unidos en torno a la infame «causa del Sur», una noción de que los sureños tenían que lograr la victoria contra el tiránico Norte, que intentaba limitar las sagradas instituciones sureñas, sobre todo la esclavitud. Era el típico relato de David contra Goliat, siendo David, en este caso, la Confederación. Esta idea ya existía en el Sur antes del inicio de la guerra, pero los políticos confederados la amplificaron en mayor medida a lo largo de la contienda.

Lo que es importante tener en cuenta es que los dos bandos habían elegido enfoques completamente diferentes para la guerra. Esto se hizo más evidente cuando la guerra entró en sus primeras fases. Davis y los confederados sabían que estaban en desventaja numérica y optaron por una táctica más defensiva. Davis esperaba que la larga costa sureña hiciera imposible que la Unión bloqueara completamente el Sur. Un enfoque más lento garantizaba que los confederados podrían defender sus territorios de forma más cohesionada y no distraerse con una ofensiva y encontrarse en desventaja.

Algunos historiadores sostienen que la decisión de adoptar un enfoque defensivo podría haber sido fatal para los confederados desde el principio. Inmediatamente después de los sucesos de Fort Sumter, podría haber sido mejor organizar un ataque concentrado contra las posiciones de la Unión cuando el Norte menos lo hubiera esperado y, por tanto, podría haber estado menos preparado. Cuando se compara con el prolongado enfoque adoptado por Lincoln y su equipo, este movimiento parece más lógico.

En lo que se conoce como el Plan Anaconda, el alto mando del Norte preveía la derrota de la Confederación mediante un bloqueo naval y terrestre completo del Sur, seguido de un ataque concentrado a lo largo del río Misisipi, justo en el corazón del Sur.

El Plan Anaconda
https://commons.wikimedia.org/wiki/File:Scott-anaconda.jpg

La lucha por Virginia Occidental

El ataque a Fort Sumter fue la gota que colmó el vaso para la Unión y contribuyó al crecimiento del sentimiento antisureño (o más bien antisecesionista), que existía en el país desde diciembre de 1860. De los aproximadamente 16.000 soldados del ejército, más de la mitad se encontraban en la parte occidental del país en el momento del ataque. Parecía poco probable que se unieran a los cerca de 75.000 voluntarios que el presidente Lincoln había convocado en los estados del norte. Sin embargo, antes de que finalizara el reclutamiento de voluntarios, a principios de junio estallaron los combates entre las tropas de la Unión y las confederadas. Las fuerzas de la Unión intentaron tomar el control de la parte occidental de Virginia, que estaba más a favor de la Unión que el resto del estado esclavista.

Virginia se había separado de la Unión en mayo y había sido admitida por la Confederación el 7 de mayo. En aquel momento, alrededor del 30 por ciento de su población eran esclavos, pero estos, junto con la mayoría de los propietarios de esclavos, se concentraban en la parte oriental del estado. En el oeste, los prounionistas estaban descontentos con la decisión de separarse de la Unión. Para utilizar la situación a favor de la Unión, el general de división George B. McClellan, que era el líder de las fuerzas de la Unión reunidas en Cincinnati, Ohio, marchó al oeste de Virginia con una fuerza bastante considerable de unos 20.000 hombres. Su oposición no estaba preparada. El coronel confederado George A. Porterfield estaba al mando de la fuerza confederada estacionada en el noroeste de Virginia, pero no sabía que el ataque era inminente.

En lo que se convirtió en la primera batalla terrestre de la guerra de Secesión estadounidense, los cerca de 3.000 hombres de McClellan convergieron en la ciudad de Philippi. Fueron capaces de derrotar a una fuerza confederada mucho más pequeña, de unos ochocientos hombres, obligándolos a retirarse hacia el sur, a la ciudad de Huttonsville. El encuentro fue más una escaramuza que una batalla total, pero aun así supuso una victoria para el ejército de la Unión, que pudo establecer una posición favorable en el oeste de Virginia. Solo hubo una treintena de bajas en total, pero Philippi quedó casi completamente destruida tras horas de bombardeo por parte de las fuerzas de la Unión.

Tras el triunfo en Philippi, McClellan y sus hombres fueron elogiados por los periódicos del norte por su valentía. McClellan fue capaz de seguir esto con dos victorias adicionales en el oeste de Virginia. Un mes más tarde, en la batalla de Rich Mountain, las fuerzas de McClellan fueron capaces de infligir alrededor de trescientas bajas a las fuerzas confederadas, mientras que solo sufrieron cuarenta ellos mismos. Persiguieron a la oposición en retirada hasta Carrick's Ford, donde también salieron victoriosos, concluyendo así la primera serie de batallas libradas en Virginia.

Los esfuerzos de McClellan fueron rápidamente reconocidos por el alto mando de la Unión, y sus tres rápidas victorias fueron un factor para su ascenso a comandante del Ejército del Potomac. El éxito de las fuerzas de la Unión también fue crucial en la secesión de los virginianos pro Unión de su estado. El estado antiesclavista de Virginia Occidental acabó separándose de Virginia y ayudó a la Unión durante toda la guerra.

La primera batalla de Bull Run

Una característica interesante de la guerra es que las capitales de los dos bandos —Washington para la Unión y Richmond para la Confederación— estaban muy cerca la una de la otra, separadas por solo unos 160 kilómetros. Richmond era una de las ciudades más ricas y prósperas del sur, por lo que los confederados decidieron trasladar su capital a la ciudad después de que Virginia se uniera a la Confederación el 7 de mayo. Debido a esta situación poco habitual, las tensiones que rodeaban a ambos bandos empezaron a circular desde el principio. La mayor parte de ambos ejércitos se reunía cerca de Washington y Richmond, y los habitantes de las ciudades intuían que, tarde o temprano, serían atacados.

El general de brigada de la Unión Irvin McDowell estaba al mando de los 35.000 voluntarios que se habían reunido en Washington. A pesar de que el Plan Anaconda había sido propuesto por el general en jefe estadounidense Winfield Scott, McDowell recibió el encargo de dirigir el ataque contra las posiciones enemigas. Los confederados, que estaban al mando de P. G. T. Beauregard, habían acampado a unos 42 kilómetros al sur de Washington, en el crucial cruce de Manassas, que desempeñaba un papel importante en términos de conectividad ferroviaria hacia el este. Beauregard estaba al mando de unos 20.000 hombres y asumió una posición defensiva en Manassas. Además, una fuerza confederada más pequeña, de unos 12.000 hombres, estaba acampada cerca, lista para reforzar en caso de emergencia.

El 21 de julio, McDowell, sabiendo que tenía ventaja numérica sobre el enemigo y sucumbiendo a la presión social y política de Washington, dirigió a sus hombres contra Beauregard. Una fuerza adicional de 18.000 hombres al mando del general de división Robert Patterson recibió el encargo de retrasar los refuerzos en Harpers Ferry.

Al principio, las tropas de McDowell tuvieron un gran éxito, logrando superar al enemigo y debilitar su flanco izquierdo. Sin embargo, los confederados no tardaron en tomar la delantera, gracias a la inspirada arenga de Thomas «Stonewall» Jackson («Muro de Piedra»), general confederado que se ganó su apodo gracias a esta batalla. A pesar del intenso fuego de artillería, los hombres de Beauregard fueron capaces de contener a McDowell, mientras que los refuerzos confederados, que habían logrado romper la resistencia de Patterson, llegaron justo a tiempo para flanquear al ejército de la Unión. Los voluntarios de la Unión, que tenían la moral relativamente baja debido a su inexperiencia, decidieron huir y salvar sus vidas. McDowell se vio obligado a retirarse de vuelta a Washington, provocando el pánico en toda la ciudad por su derrota.

El encuentro se conoció como la primera batalla de Bull Run en el Norte, mientras que los sureños se referían a ella como la primera batalla de Manassas. Fue una derrota difícil de digerir para el Norte, que perdió unos 2.900 hombres frente a los 2.000 del Sur. Afortunadamente para la Unión, los hombres de Beauregard estaban demasiado exhaustos para perseguir a los soldados en retirada. Así, los dos bandos interpretaron el resultado de la batalla de forma diferente.

Tras la derrota, el enfoque de la Unión se volvió más cauteloso en lugar de asumir un papel proactivo y aprovechar al máximo su ventaja numérica para arrollar a las fuerzas enemigas. En cuanto al Sur, la situación no era tan diferente. La Confederación vio la victoria como una prueba contundente de que, a pesar de la desventaja numérica, los soldados sureños eran más resistentes que los norteños. Se dejaron llevar por la idea de que la «causa sureña» era mucho más importante que aquello por lo que luchaba la Unión, lo que les daba una ventaja natural sobre su enemigo y, como consecuencia, los hacía sobrestimar sus propias capacidades.

Ejército del Potomac

La derrota en la primera batalla de Bull Run fue devastadora para Lincoln, que había esperado una acción decisiva para finales de julio, pero solo había obtenido una victoria relativamente pequeña en el oeste de Virginia. Al tiempo que pedía más voluntarios para reforzar el número de efectivos del ejército y reponer las pérdidas que había sufrido la Unión, también hizo cambios en el alto mando. El general Winfield Scott, general en jefe desde hacía mucho tiempo, fue sustituido en noviembre por el general de división McClellan, que se ganó su puesto gracias a sus rápidas victorias durante el verano. Aunque los planes generales trazados por Scott permanecieron intactos, el experimentado veterano tuvo que ser relevado debido a su mala salud.

Apenas cinco días después de la derrota de la Unión en Manassas, McClellan inició la transformación de su cuerpo en el Ejército del Potomac, la parte del Ejército de la Unión durante la guerra de Secesión que participaría en las operaciones militares de las campañas del este. En los primeros meses como nuevo general en jefe, el número de voluntarios creció hasta incluir a más de 100.000 hombres que, a diferencia de las tropas que participaron en la primera batalla de Bull Run, estaban sustancialmente adiestrados y equipados. El principal objetivo de McClellan era aumentar la disciplina, lo que permitiría una mayor resistencia en el campo de batalla.

A pesar de ello, McClellan se enfrentó a cierta oposición por parte del Congreso, dominado por los republicanos, en parte debido al hecho de que era demócrata. El Congreso era consciente de la proximidad del enemigo, ya que no solo había permanecido en Manassas, sino que también había ocupado el territorio cercano a la ciudad de Centreville, Virginia. Además de tener mala reputación en el Congreso por mostrar a veces tendencias descorteses y poco delicadas, McClellan también se vio envuelto en una enemistad personal con el presidente Lincoln. Después de que McClellan se recuperara de una enfermedad a finales de enero de 1861, Lincoln le ordenó organizar un ataque contra las posiciones confederadas en Virginia. McClellan no estaba de acuerdo, pues creía que los voluntarios aún no estaban preparados para la batalla, a pesar de que habían mejorado mucho sus capacidades tras su llegada. Aun así, la decisión de Lincoln fue definitiva, y McClellan se vio obligado a avanzar sobre el enemigo a finales de febrero.

Capítulo 8 - La guerra crece

Al principio, muchos en el Norte predijeron que el conflicto no duraría más de un par de meses. Esto era especialmente cierto tras las primeras victorias de McClellan en el oeste de Virginia. Sin embargo, a finales de 1861, a medida que los esfuerzos sustanciales por hacer mella en la defensa de la Confederación resultaban infructuosos, el enfoque tanto del Norte como del Sur cambió drásticamente.

La campaña Peninsular

Siguiendo órdenes de la cadena superior de mando, el general en jefe de la Unión McClellan dirigió a sus hombres en otra ofensiva. En febrero, la principal preocupación del presidente Lincoln era el ejército confederado estacionado en Centreville, Virginia, a unos 48 km al sur de Washington. El presidente quizás había sobrestimado la amenaza que las fuerzas confederadas podían suponer para la capital de la Unión, que estaba fuertemente defendida y contaba con una guarnición considerable.

En un primer momento, Lincoln ordenó a McClellan atacar Centreville. Sin embargo, antes de que la operación pudiera iniciarse, los confederados se retiraron más al sur, considerando inútil el ataque. En su lugar, la atención de McClellan se centró en la capital confederada de Richmond. McClellan consiguió finalmente obtener la aprobación de Lincoln para una ofensiva tras proponer organizar un ataque desde la costa este desembarcando primero en Fort Monroe mediante un asalto anfibio y luego marchando con sus tropas hacia el noreste, subiendo por toda la península de Virginia para llegar finalmente a Richmond.

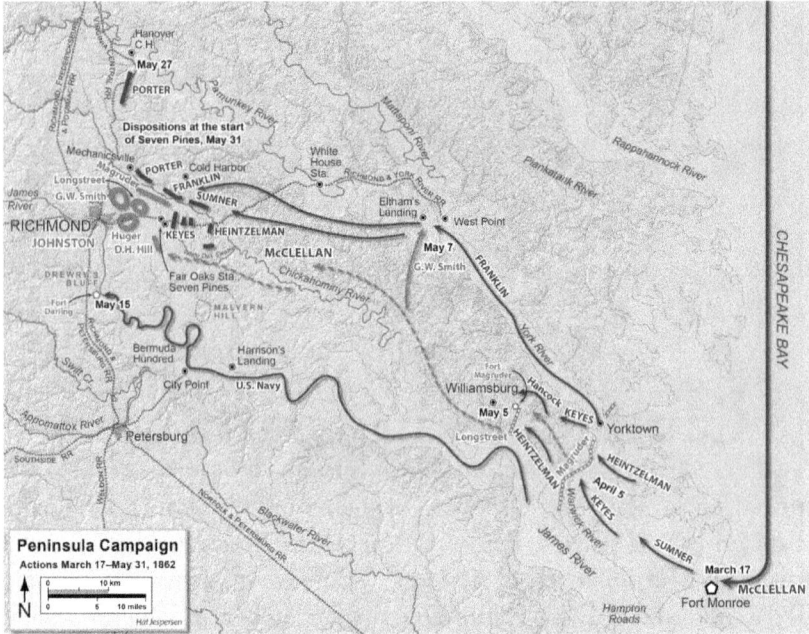

La campaña Peninsular

A pesar de la solidez del plan, nada salió tan bien como deseaba el alto mando de la Unión. Un gran detalle a recordar es que McClellan fue relevado del cargo de general en jefe una vez iniciada la operación, en parte por su enemistad con Lincoln y los republicanos, pero también porque Lincoln esperaba que pudiera desviar toda su atención a dirigir su campaña. El presidente Lincoln asumió el cargo de general en jefe y, junto con su Gabinete, dirigió personalmente el esfuerzo bélico hasta que pudo encontrar un sustituto adecuado.

En cuanto a la campaña Peninsular propiamente dicha, los planes iniciales de desembarcar en Fort Monroe y converger sobre la ciudad de Yorktown, tanto desde tierra como desde el río York, fracasaron. Las fuerzas de la Unión sufrieron varios retrasos e incluso se enfrentaron a las vanguardias confederadas en pequeñas escaramuzas que les costaron días. Finalmente, las tropas de McClellan alcanzaron la ciudad. Tras un largo asedio, obligaron a los confederados a abandonar sus posiciones a principios de mayo.

El comandante confederado Joseph E. Johnston retrocedió a una línea más defensiva en Williamsburg, pero McClellan no tardó en alcanzarlos y forzar un nuevo enfrentamiento, en el que los soldados de la Unión salieron victoriosos una vez más. Finalmente, tras romper las líneas defensivas en duras condiciones, McClellan se encontró en el punto de mira de un contraataque confederado en la batalla de Seven Pines. Allí, el comandante Johnston esperaba aislar el flanco de McClellan y rodear a las fuerzas de la Unión que avanzaban. Pero tras obtener una pequeña ventaja al principio, se vio obligado a retroceder, sucumbiendo ante la superior artillería de la Unión.

El resultado final en Seven Pines no favoreció a ninguno de los dos bandos. La resistencia confederada había frenado considerablemente el ímpetu de McClellan, que se vio obligado a tomarse un descanso antes de continuar su avance. Por otro lado, Johnston fue herido durante la batalla y sustituido por el general Robert E. Lee, un hombre que había estado sirviendo como asesor militar de Jefferson Davis antes de tomar el control del Ejército Confederado de Virginia del Norte. A la larga, ambos resultados resultaron terribles para la Unión, ya que Lee demostró ser su oponente más duro en la guerra y frenó en gran medida la iniciativa de la que se había apoderado McClellan durante la campaña Peninsular.

A finales de junio, las fuerzas de McClellan habían avanzado en los territorios confederados. Al mismo tiempo, se desarrollaban combates en zonas occidentales de Virginia, principalmente en el valle de Shenandoah, donde cuerpos de la Unión al mando del general de división McDowell intentaban converger hacia Richmond. Sin embargo, los confederados se defendieron ferozmente de las tropas de la Unión que intentaron cruzar el río Potomac. Los confederados obtuvieron varias victorias y se apoderaron de un valioso botín, como armas pequeñas y munición, en las batallas de Front Royal y Winchester. Como los confederados habían frustrado el avance de la Unión en el valle de Shenandoah, Stonewall Jackson, que estaba al mando de las tropas defensoras, desvió su atención hacia el este para reforzar a Lee.

Esta decisión resultó crucial. Lee esperó durante casi un mes a que McClellan atacara. Así que, mientras tanto, reunió sus defensas en las zonas sur y sureste de Richmond y se preparó para presentar batalla con un par de miles de soldados más. Organizó un contraataque el 26 de junio, intentando retrasar aún más el avance de McClellan y hacer que las fuerzas de la Unión se quedaran sin suministros para que se vieran obligadas a retirarse. Las batallas que siguieron duraron aproximadamente una semana y se conocen como las batallas de los Siete Días. En un asalto bien organizado y concentrado, Lee fue capaz de utilizar el factor sorpresa y logró una victoria tras otra. Primero hizo retroceder a las fuerzas de la Unión en Mechanicsville y en Gaines' Mill el 26 y 27 de junio, a lo que siguió otra serie de victorias en Savage's Station y Frayser's Farm el 30 de junio y en Glendale y Malvern Hill el 1 de julio. Lee pudo recuperar mucho terreno perdido.

Lee fue celebrado con orgullo en el Sur, mientras que el alto mando del Norte estaba furioso con McClellan, que creían que había tirado por la borda la ventaja que habían conseguido. En retrospectiva, era una situación bastante peculiar, ya que, a pesar de sufrir algunas derrotas, McClellan seguía algo cerca de Richmond. Quién sabe, quizás con más esfuerzo y refuerzos podría haber sido capaz de alcanzar la capital confederada, pero no era algo que ni él ni el alto mando creyeran factible.

Lo cierto es que McClellan ya tenía una reputación infame en la Unión, y el hecho de que pidiera más refuerzos para continuar la campaña fue percibido como otra de sus exigencias poco realistas. En total, McClellan había perdido más de 15.000 hombres a lo largo de la campaña, mientras que Lee había sufrido unas 20.000 bajas. Aunque los primeros esfuerzos de McClellan habían tenido éxito, Lee había tomado represalias. Lee aún tenía mucho que demostrar en el campo de batalla, y la guerra no estaba ni mucho menos acabada. En lugar de continuar el avance por la península, Lincoln ordenó una retirada para consolidar las fuerzas y planear un nuevo ataque.

La segunda batalla de Bull Run

Tras la infructuosa campaña Peninsular, Lincoln nombró a Henry W. Halleck para el puesto de general en jefe, que había quedado vacante durante meses. McClellan seguía siendo el comandante del Ejército del Potomac, pero muchas de sus tropas acabaron bajo el mando de John Pope en el recién formado Ejército de Virginia. La idea principal del Ejército de Virginia era contar con una fuerza adicional en la que Lincoln pudiera confiar, ya que McClellan había demostrado ser cada vez más difícil de manejar. En lugar de intentar recrear la ofensiva anterior desde el este, las fuerzas de Pope intentarían converger sobre Richmond desde el norte y el oeste.

El comandante confederado Lee preveía un desarrollo diferente de la guerra. Aunque McClellan seguía en la península, Lee se había dado cuenta de su menguante reputación entre los miembros del alto mando y decidió asignar menos recursos para mantener a raya a sus fuerzas. Reconoció que el Ejército de Virginia de Pope, que marchaba hacia Gordonsville para iniciar una nueva ofensiva sobre Richmond, se había separado completamente de McClellan, que estaba al otro lado de Virginia. Lee quería aprovechar la oportunidad y golpear rápidamente la posición de Pope, con la esperanza de acabar con él con un ataque concentrado que dejara a la Unión aún más desorientada.

Con esto en mente, envió a Stonewall Jackson con unos 14.000 hombres para detener a Pope en Gordonsville antes de que los dos ejércitos de la Unión pudieran unirse. Planeaba seguir con aún más refuerzos para aplastar a las fuerzas de Pope. El plan inicial funcionó. Stonewall Jackson fue capaz de contener a la mayoría de las fuerzas de Pope en Manassas, cerca del lugar de la batalla original de Bull Run, obligando a Pope a realizar un movimiento agresivo sin esperar más refuerzos.

A finales de agosto, Pope se enfrentó a las fuerzas de Jackson en lo que se conoce como la segunda batalla de Bull Run, pero no pudo lograr una ventaja significativa, ya que Stonewall Jackson hizo honor a su reputación de gran defensor. Tras contener al ejército de la Unión, el trabajo de Jackson estaba hecho, y Lee, junto con el general de brigada confederado James Longstreet, llegó justo a tiempo para flanquear a Pope. Derrotaron a sus hombres, infligiendo más de13.000 bajas mientras que, a su vez, solo sufrieron unas 9.000.

Invasión de Maryland

Tras obtener varias victorias consecutivas, primero contra McClellan en junio y luego contra Pope en agosto, Lee estaba decidido a conseguir más. Esta vez, planeaba pasar a una ofensiva total y aprovechar el impulso para impulsar su éxito invadiendo Maryland, un estado fronterizo donde Lincoln había declarado la ley marcial para imponer el orden y someter las tendencias antirrepublicanas. Lee esperaba lograr varias victorias en Maryland para motivarla a unirse a la Confederación, algo que habría sido perjudicial para la Unión. Si Maryland se unía a la Confederación, la seguridad de Washington D. C. quedaría en entredicho. Capturar el fundamental ferrocarril de Baltimore y Ohio también cortaría una importante línea de suministro a la capital de la

Unión.

Tras enterarse del avance de Lee hacia Frederick, Maryland, Lincoln pensó desesperadamente en una respuesta eficaz mientras notaba cómo poco a poco cundía el pánico entre la opinión pública norteña. La operación de McClellan desde la península había sido plenamente recordada, y Lincoln le encomendó la tarea de idear una respuesta. Tras reunirse finalmente con el resto de las tropas de Pope, McClellan hizo lo que mejor sabía hacer: asegurarse de que sus hombres fueran plenamente capaces de luchar y volvió a consolidar su posición. Sin embargo, también demostró una vez más su principal debilidad: dudó demasiado en tomar medidas decisivas contra Lee porque sobrestimó las capacidades militares del Sur.

Esto se hizo aún más evidente cuando McClellan fue notificado de los futuros planes de Lee después de que sus hombres encontraran accidentalmente un trozo de papel confederado que describía la campaña prevista. En lugar de utilizar el elemento sorpresa y acabar con las fuerzas confederadas más pequeñas una a una, McClellan decidió esperar casi un día y solo consiguió enfrentarse a una fuerza confederada mayor que se había reunido en South Mountain el 14 de septiembre de 1862. Allí, tras algunas escaramuzas, Lee ordenó a sus hombres que se retiraran para asumir una posición defensiva más favorable en Antietam Creek, cerca de Sharpsburg, donde esperaba un ataque de la Unión.

Robert E. Lee
https://commons.wikimedia.org/wiki/File:Robert_Edward_Lee.jpg

En Antietam Creek, a Lee se le unieron los refuerzos de Stonewall Jackson, y los dos comandantes confederados, junto con el general Longstreet, realizaron uno de los mejores esfuerzos defensivos de toda la guerra. Antietam era un lugar bastante irregular para atacar y daba ventaja a los defensores, que podían utilizar los pequeños ríos a su favor. No obstante, se estableció una larga línea de frente y, a primera hora del 17 de septiembre, McClellan ordenó a sus hombres atacar. La mayor parte de los combates tuvieron lugar en el centro, en una zona llamada «Bloody Road» (que significa literalmente *camino sangriento*), por donde irrumpieron las fuerzas de McClellan. Sin embargo, los refuerzos confederados procedentes de los flancos, donde se concentró la menor parte de la acción, se desplazaron rápidamente hacia el centro para hacer retroceder a las fuerzas de la Unión hasta sus líneas de frente originales.

Crucialmente, los refuerzos adicionales llegaron al mismo tiempo para ambos ejércitos, contribuyendo aún más al punto muerto que se había creado después de horas de lucha. Un factor decisivo en la batalla fue, una vez más, la indecisión de McClellan. El comandante de la Unión asumió erróneamente la fuerza de los confederados y se mostró reacio a enviar a todos sus soldados para arrollar a los defensores a pesar de contar con la ventaja numérica. Lee y los confederados, por otra parte, se habían comprometido plenamente en la batalla y lucharon hasta que se vieron obligados a retirarse tras darse cuenta de que no tenían ninguna posibilidad en un enfrentamiento prolongado.

Alrededor de 23.000 hombres cayeron en la batalla de Antietam, que se ganó su infame estatus como el día más sangriento de la guerra de Secesión. Los confederados perdieron algo más de 10.000 hombres, mientras que la Unión sufrió unas 13.000 bajas. Sin embargo, estas cifras son aún más impresionantes si se considera el hecho de que las fuerzas de McClellan superaban en número al ejército de Lee en dos a uno, con cerca de 85.000 hombres frente a los 36.000 de Lee. A pesar de la retirada confederada, la Unión no fue capaz de sacar provecho debido a la percepción distorsionada de McClellan de la fuerza del Sur. Aun así, la ofensiva confederada en Maryland había terminado, y el ejército principal de Lee fue conducido de vuelta a Virginia.

Fiasco en Fredericksburg

Aunque la mayoría de las fuerzas confederadas habían conseguido retirarse, Antietam fue percibida por el alto mando de la Unión como una victoria. Durante las semanas siguientes al final de la batalla, Lincoln y su consejo de guerra instaron repetidamente a McClellan a perseguir a los confederados en retirada, pero este siempre se negó, afirmando que temía sobrecargar a sus hombres y que no estaba dispuesto a perseguir a Lee, ya que no conocía todos sus efectivos. Este vaivén duró hasta finales de octubre. El presidente Lincoln finalmente relevó a McClellan de sus funciones como comandante del Ejército del Potomac y asignó a Ambrose E. Burnside como nuevo líder. Anteriormente había estado al mando de una de las compañías en Antietam, pero no consiguió nada significativo en el transcurso de la batalla. El alto mando de la Unión esperaba tener al menos a alguien en quien confiar para que siguiera sus órdenes.

Este planteamiento de Lincoln y su Gabinete funcionó, y Burnside lanzó una ofensiva de seguimiento destinada a avanzar directamente hacia Richmond. Su ejército recién reforzado contaba con unos 120.000 hombres. En teoría, estaba diseñado para superar cualquier resistencia que pudiera oponer el Sur simplemente por su superioridad numérica. El plan de Burnside preveía cruzar rápidamente el río Rappahannock y superar al ejército de Lee para llegar a la relativamente indefensa capital confederada. Al principio, parecía que el plan iba a funcionar, pero el ejército de Burnside se retrasó durante semanas porque los puentes especiales de pontones —los que flotan sobre el agua y son utilizados por los ejércitos para cruzar rápidamente los ríos— no llegaron debido a problemas logísticos. Este retraso dio tiempo a Lee y sus hombres para acampar en la otra orilla del Rappahannock y establecer defensas cerca de la ciudad de Fredericksburg.

Batalla de Fredericksburg
https://commons.wikimedia.org/wiki/File:Battle_of_Fredericksburg,_Dec_13,_1862.png

Presionado por el alto mando de la Unión, Burnside procedió a establecer puntos de cruce y atravesó el río hasta la otra orilla, donde Lee y sus hombres esperaban con fuego de artillería pesada, habiendo asumido el terreno elevado en las alturas cercanas al sur de la ciudad. Sin embargo, si hay algo que la historia militar ha demostrado claramente es que los defensores siempre se ven favorecidos durante los cruces de ríos. Burnside ordenó a sus hombres que se dirigieran directamente a los brazos abiertos de los confederados, que estaban más que contentos de eliminar oleadas tras oleadas de desesperados soldados de la Unión. El 15 de diciembre de 1862, tras unos cinco días de lucha, Burnside se dio cuenta de que había cometido un error fatal. Ordenó a sus hombres que se retiraran al otro lado del río Rappahannock y aceptó la derrota.

La derrota en Fredericksburg fue perjudicial para la moral del Ejército de la Unión. El ejército sufrió unas 13.000 bajas frente a las 5.000 de los confederados, lo que supuso una de las derrotas más decisivas de la Unión en la guerra. Y para colmo de males, Burnside sufrió otro fiasco en las semanas siguientes a la batalla de Fredericksburg durante una desesperada maniobra de flanqueo de las fuerzas de Lee.

En las duras condiciones invernales y careciendo de canales de comunicación eficaces, Burnside no fue capaz de alcanzar sus objetivos durante todo el mes de enero, viendo aumentar el número de deserciones y la falta de confianza de los comandantes directamente bajo sus órdenes. Esto hizo que el presidente Lincoln relevara a Burnside del cargo de comandante del Ejército del Potomac el 25 de enero de 1863, sustituyéndolo por el más experimentado Joseph «Fighting Joe» Hooker («Luchador Joe»). Los dos bandos entraron en un punto muerto temporal durante el invierno de 1863.

La Proclamación de Emancipación

Irónicamente, la falta de éxito de la Unión en el campo de batalla fue completamente diferente de los acontecimientos cruciales de finales de 1862 y principios de 1863 fuera del campo de batalla. El 1 de enero de 1863, el presidente Lincoln firmó la Proclamación de Emancipación, uno de los documentos más emblemáticos de la historia de Estados Unidos, por el que se declaraba la libertad de todos los esclavos que vivían en los estados secesionistas. La firma de la Proclamación de Emancipación no solo supuso una enorme victoria social y moral para Lincoln y la Unión, sino también un gran movimiento estratégico.

La cuestión de la esclavitud se hizo aún más acuciante para ambos bandos. La Confederación dependía de la mano de obra esclava, que era el principal catalizador de su economía. La Unión, por su parte, había visto aumentar enormemente el número de esclavos fugitivos que escapaban del Sur en busca de refugio y seguridad, temerosos de que, con la secesión de los estados sureños, sus posibilidades de obtener la libertad fueran inexistentes. Este factor, sumado a la dependencia sureña de la esclavitud, fue reconocido por el presidente Lincoln, pero aun así dudó en promulgar un proyecto de ley de emancipación o abolir la práctica por completo. Principalmente, Lincoln temía que, en caso de emancipación, los estados fronterizos que poseían esclavos instrumentales pudieran rebelarse contra la Unión y unirse a la Confederación. Además, los esclavos eran considerados propiedad de sus dueños y, por tanto, estaban protegidos por la Constitución, algo que habría sido muy difícil de cambiar.

Sin embargo, con la aprobación por el Congreso de la Primera Ley de Confiscación en agosto de 1861, que permitía a los soldados de la Unión confiscar los bienes de los soldados confederados, los márgenes del derecho a la propiedad, tal y como se menciona en la Constitución, se estrecharon. En otras palabras, con la Primera Ley de Confiscación, se permitió a las tropas de la Unión reclamar los esclavos que anteriormente habían estado en posesión de los derrotados confederados.

Los soldados de la Unión liberaron a cientos de esclavos a lo largo de los dos primeros años. Esto hizo mella en la producción del Sur. Con la mayoría de los confederados blancos alistados en el ejército, cada esclavo que trabajara para ellos en fábricas y campos importaba aún más que antes. Famosamente, el general y político de la Unión Benjamin F. Butler se refirió a los esclavos que serían incautados durante las campañas como «contrabando», declarando que no serían devueltos a sus anteriores propietarios bajo ninguna circunstancia. El nombre se mantuvo y, durante el resto de la guerra, los esclavos fugados fueron denominados cada vez más contrabando.

La Primera Ley de Confiscación y el aumento del número de esclavos fugitivos llevaron al Congreso a abolir la esclavitud en el Distrito de Columbia en abril de 1862. Los propietarios de esclavos de la zona recibieron una compensación monetaria por los ingresos que perderían. Aun así, el Distrito de Columbia era el lugar más fácil para negociar la emancipación, seguido de los territorios estadounidenses.

La situación no era tan sencilla cuando se trataba de los estados fronterizos, cuyos representantes se reunieron con Lincoln en distintas ocasiones para discutir los términos de una posible emancipación. Lincoln ofreció una compensación monetaria a los propietarios de esclavos de Misuri, Kentucky, Maryland y Delaware, pero sin éxito. Estos estados habían operado en gran medida por su cuenta desde el comienzo de la guerra, y Lincoln tenía que conseguir su apoyo antes de poder tomar una decisión tan impactante. Al fracasar las conversaciones, Lincoln se vio obligado a redactar una nueva versión de la Proclamación de Emancipación, que finalmente entraría en vigor el 1 de enero de 1863. La proclamación establecía que, a partir del nuevo año, todos los esclavos de los territorios que no estuvieran bajo el control de la Unión eran libres.

Fue un paso monumental para Lincoln y su administración, algo que no solo daría la supremacía moral al Norte, sino que también incentivaría a los esclavos que vivían oprimidos en el Sur a liberarse de sus dueños y causar más daño a la economía del Sur. De manera crucial, Lincoln había utilizado una redacción inteligente para indicar que la Proclamación de Emancipación no incluía a los estados fronterizos, ya que técnicamente seguían bajo el control de la Unión. Solo afectaba a los estados que se habían separado, donde la práctica de la esclavitud estaba más arraigada.

La Proclamación de Emancipación se declaró justo después de la batalla de Antietam. A pesar de los resultados dispares, fue concebida por el alto mando de la Unión como una victoria. Las implicaciones de la Proclamación de Emancipación eran enormes, y todo el mundo esperó a enero para ver qué efecto tendría sobre la población esclava del Sur. Los historiadores señalan que la firma de la Proclamación de la Emancipación fue una de las razones por las que Europa decidió no apoyar a la Confederación contra la Unión. La práctica de la esclavitud estaba mal vista por las principales potencias europeas de la época.

Los efectos inmediatos de la Proclamación de Emancipación son evidentes. Un punto importante del documento era que los esclavos liberados y los afroamericanos ya liberados podían ahora servir como soldados en la guerra en el bando de la Unión. Antes de 1863, los afroamericanos y los blancos no podían servir juntos en el Ejército o la Armada estadounidenses, aunque se les permitía unirse a las filas en situaciones de emergencia como en la guerra de 1812. En total, unos 200.000 soldados negros entraron en la guerra del lado de la Unión,

20.000 de los cuales se alistaron en la marina. Constituían aproximadamente el 10 por ciento de todas las fuerzas de la Unión al final de la guerra, y muchos de ellos habían escapado de sus amos sureños para luchar, tal y como había previsto Lincoln.

El papel desempeñado por los afroamericanos en la guerra de Secesión es realmente inmenso. Tuvieron un papel decisivo en las batallas que se produjeron a medida que el esfuerzo del Norte se concentraba en el Misisipi, en Luisiana y en Carolina del Sur. Debió de ser un gran espectáculo ver a aquellos que habían luchado durante tanto tiempo por su libertad tener por fin una oportunidad realista de luchar por ella. Sin embargo, a pesar de alistarse en el ejército de la Unión en gran número, los afroamericanos no pudieron escapar de la segregación, a la que se habían enfrentado durante toda su vida. Se les pagaba menos que a sus homólogos blancos, estaban organizados en regimientos separados «exclusivamente negros» y tenían un contacto directo limitado con los líderes blancos. Sus regimientos estaban comandados por oficiales blancos, ya que rara vez ascendían en el escalafón. El sentimiento de «negrofobia» que siempre había caracterizado a la sociedad norteña se manifestó una vez que los afroamericanos se incorporaron al ejército. Aunque luchaban por la misma causa, el racismo innato de los soldados del Norte fue algo que los afroamericanos tuvieron que soportar durante el resto de la guerra.

El Trans-Misisipi

Junto con el Teatro del Este de la guerra de Secesión, al que los historiadores se refieren como la acción militar que se desarrolló principalmente en Virginia y sus alrededores, los combates entre la Unión y los Confederados tuvieron lugar en otras partes del país, una de las cuales fue el Teatro Trans-Misisipi, donde el esfuerzo bélico estaba más desorganizado que en el este.

En esta región, que abarcaba los territorios al oeste del río Misisipi, principalmente en los estados de Misuri, Arkansas, Luisiana y la actual Oklahoma, ya se habían producido varias escaramuzas a pequeña escala y guerrillas. Es importante recordar que, al principio de la guerra, ambos bandos estaban bastante inseguros de los objetivos principales fijados por sus respectivos altos mandos. Así pues, los combates tuvieron lugar principalmente para poner a prueba y debilitar a la oposición más que para tener un efecto decisivo.

Una campaña más cohesionada en el Trans-Misisipi fue la organizada por el comandante confederado Henry Sibley, que dirigió su fuerza de unos 35.000 hombres a Nuevo México y consiguió capturar las ciudades de Albuquerque y Santa Fe a finales de marzo de 1862. El objetivo previsto por Sibley era llegar a California, ya que el control del rico estado daría muchas oportunidades al gobierno confederado. Sin embargo, Sibley se vio obligado a retirarse de vuelta a Texas con numerosas bajas tras enfrentarse a Edward Canby en la batalla del paso de la Glorieta.

Mientras tanto, se habían producido encuentros más concentrados en los estados fronterizos al noreste de Nuevo México. El presidente Lincoln era muy consciente del importante papel que los estados fronterizos, especialmente Kentucky y Misuri, desempeñaban en la guerra y estaba dispuesto a desviar la mayor parte de sus recursos para defender los territorios. En la primera gran batalla entre ambos bandos, en Wilson's Creek (Misuri), unos 5.000 soldados de la Unión sufrieron una derrota frente a una fuerza confederada mucho mayor, que logró hacerse brevemente con el control de la parte sur del estado en agosto de 1861. El Norte, sin embargo, no estaba dispuesto a renunciar a Misuri sin una lucha adecuada. Tras reforzar los efectivos bajo el mando del general de brigada Samuel R. Curtis, la Unión asestó un golpe decisivo a los confederados en la batalla de Pea Ridge, en marzo de 1862. Antes de marzo de 1862, ninguno de los dos bandos contaba con los recursos necesarios para seguir luchando en Misuri, ya que la mayoría de las acciones en ese momento se estaban llevando a cabo en Virginia debido al intento de la campaña del Norte de capturar Richmond.

Más al este, en Kentucky, estallaron los combates cuando los confederados violaron la neutralidad del estado, asumiendo una posición de mando al capturar Columbus. Dirigidos por el general Albert Sidney Johnston, los confederados convencieron a la población contraria a la Unión de Kentucky para que se separara del estado y organizaron un gobierno provisional, que admitió a Kentucky en la Confederación en diciembre de 1861. Sin embargo, la larga línea de frente que habían establecido los confederados resultó difícil de mantener, ya que sencillamente no disponían de suficientes efectivos. Aprovechando la oportunidad, las fuerzas de la Unión lograron abrirse paso, primero en Mill Springs, en el flanco derecho de la línea confederada, en enero, y luego en Fort Henry y Fort Donelson, en el centro, aproximadamente un mes después. Con la captura de estos dos importantes fuertes, la Unión se había hecho prácticamente con el control del río Cumberland, que era el principal punto de defensa de los confederados.

Las fuerzas de la Unión al mando de Ulysses S. Grant fueron capaces de expulsar a los confederados tanto de Kentucky como del norte de Tennessee, sufriendo solo unas 3.000 bajas mientras que infligieron más de 15.000 al enemigo. Las batallas de Fort Henry y Fort Donelson se consideran las primeras victorias significativas de la Unión en la guerra, a pesar de que, en el Teatro de Virginia, McClellan y otros habían cosechado algunos éxitos antes.

Ulysses S. Grant
https://commons.wikimedia.org/wiki/File:Ulysses_S._Grant_1870-1880.jpg

A finales de marzo de 1862, el general confederado Johnston había abandonado sus posiciones en Kentucky y se había retirado a Tennessee para reagruparse, a la espera de una nueva oportunidad para atacar. Esta oportunidad se le presentó a Johnston a principios de abril, cuando las fuerzas de la Unión al mando de Ulysses S. Grant y William Tecumseh Sherman decidieron capitalizar sus victorias anteriores y avanzar sobre el río Tennessee. Sabían que pronto llegarían refuerzos al mando de Don Carlos Buell desde Nashville, donde habían encontrado poca resistencia y habían capturado la capital de Tennessee. Sin embargo, resultó que Grant caía directamente en la trampa de Johnston.

En la batalla de Shiloh, que comenzó el 6 de abril, una fuerza confederada de unos 40.000 soldados tendió una emboscada a Grant y a las fuerzas de la Unión, haciéndolos retroceder al anochecer. Aunque Johnston esperaba haber aplastado al ejército de Grant antes de la llegada de los refuerzos, resultó mortalmente herido en una pierna. La persona que asumió el mando, el general P. G. T. Beauregard, no fue lo suficientemente rápido como para dar continuidad a los éxitos iniciales, lo que permitió a Buell salvar a Grant con 20.000 soldados frescos adicionales, que llegaron al campo de batalla a primera hora del 7 de abril. Ahora en desventaja numérica, Beauregard se vio obligado a retirarse a Corinth, Misisipi, pero aun así había infligido considerables bajas a las fuerzas de la Unión, unos 13.000 hombres en total, mientras que él mismo sufrió 10.000 bajas.

La batalla de Shiloh fue uno de los encuentros iniciales más cruciales de las campañas del Trans-Misisipi, ya que permitió a las fuerzas de la Unión obtener una ventaja inicial y controlar amplios territorios en Kentucky y Tennessee. Este avance fue crucial para la captura del río Misisipi, que había sido uno de los objetivos originales del alto mando de la Unión. Al capturar y retener el río, la Confederación habría quedado partida por la mitad, con Texas, Arkansas y Luisiana desconectados del resto de los estados sureños del este. Tras el relativo éxito en Shiloh y las mucho menos fructíferas campañas en Virginia, la atención de la Unión se centró en hacerse con el control del Misisipi.

Sin embargo, los confederados no estaban dispuestos a abandonar la lucha en el oeste. Beauregard, que no contaba con el favor de Jefferson Davis, fue finalmente sustituido por Braxton Bragg como comandante de las fuerzas sureñas en el Trans-Misisipi. Siguiendo órdenes directas de Davis, Bragg dividió el ejército, dejando unos 20.000 hombres en defensa del Misisipi, y se aventuró a asestar un golpe a la Unión en Kentucky, iniciando una campaña conocida como la Ofensiva Confederada del Heartland. Se desplazó hacia el norte a través de Chattanooga con unos 30.000 soldados y finalmente se unió al Departamento Confederado del Trans-Misisipi bajo el mando de Edmund Kirby Smith, que disponía de unos 18.000 hombres más.

La campaña confederada tuvo un gran éxito, ganando mucho terreno frente a las desunidas fuerzas de la Unión. Por ejemplo, con solo 5.000 hombres, Smith y los confederados fueron capaces de derrotar decisivamente a los regimientos del Ejército de la Unión en Richmond, Kentucky, a finales de agosto. Sin embargo, a principios de octubre, el ejército confederado se topó con una fuerza más numerosa de la Unión al mando del comandante Don Carlos Buell en Perryville, donde ambos bandos se enzarzaron en un encarnizado combate durante dos días. Ambos bandos sufrieron numerosas bajas, unas 4.000 cada uno, pero al final, Buell y sus hombres detuvieron el avance de Bragg, obligándolo a retroceder por la frontera hasta Tennessee.

A pesar de la incapacidad de la Unión para castigar adecuadamente a un enemigo numéricamente inferior, el encuentro de Perryville determinó en gran medida el destino de Kentucky, sobre el que la Unión obtuvo un firme control. Además de la retirada de Bragg de Kentucky, las fuerzas federales (otro nombre para la Unión) al mando de William S. Rosecrans fueron capaces de superar a la fuerza confederada que se había separado de Bragg al comienzo de su campaña en Iuka, Misisipi, y más tarde en Corinth, contribuyendo al debilitamiento de las posiciones confederadas en el Teatro Trans-Misisipi. A finales de octubre, las fuerzas de la Unión habían asumido una posición de mando en la lucha por Tennessee, y a finales de año, en la batalla de Stones River, lograron una ajustada victoria contra los confederados. Tras sufrir unas 13.000 bajas frente a las 11.700 de Bragg, el comandante Rosecrans cimentó el control de la Unión tanto sobre Kentucky como sobre Tennessee y eliminó un importante punto de discordia entre ambos bandos.

En definitiva, el año 1862 resultó muy exitoso para la causa de la Unión en el Trans-Misisipi, ya que la lucha por los estados fronterizos se ganó en gran medida gracias a los esfuerzos de los comandantes Grant, Buell y Rosecrans. Los confederados se habían quedado sin recursos que utilizar en la guerra y se vieron obligados a retirarse de Kentucky y Tennessee hacia el sur, hasta el estado de Misisipi, donde plantaron cara por última vez en Vicksburg.

Quizás sea mejor ahora echar un vistazo a un factor muy importante que contribuyó en gran medida a los éxitos de la Unión en la guerra, especialmente en el Teatro Trans-Misisipi: la superioridad de la Armada de la Unión. Gracias a ella, los federales pudieron hacerse con el control de la crucial ciudad de Nueva Orleans en abril de 1862, algo que se convirtió en una espina clavada en el costado del esfuerzo bélico confederado.

La supremacía naval de la Unión y la captura de Nueva Orleans

La ventaja crucial de la Unión sobre la Confederación no se produjo en el campo de batalla. Se produjo en el mar, ya que la armada del Norte era significativamente mayor y, por tanto, más capaz. El presidente Lincoln también tuvo la suerte de contar con un hombre muy sabio y experimentado como secretario de Marina, Gideon Welles, un veterano demócrata convertido en republicano. Welles tenía la capacidad de comprender correctamente la situación más apremiante y dirigió el esfuerzo naval de la Unión durante toda la guerra. Bajo el mando de Welles, el número de hombres alistados en la marina aumentó de 9.000 a unos 60.000 a lo largo de la guerra, algo que contribuyó en gran medida al esfuerzo bélico del Norte. Con más hombres y recursos, la Armada de la Unión pudo mantener el bloqueo de la extensa costa confederada, que se extendía a lo largo de unos 4.700 kilómetros, algo que se había percibido como imposible al comienzo del conflicto y que, en la mente de los confederados, daba al Sur una ventaja natural sobre el Norte.

Por otro lado, la armada del Sur no estaba ni mucho menos tan desarrollada. De hecho, comparada con el número de barcos, cañones y hombres disponibles para el esfuerzo marítimo del Norte, la Armada Confederada era casi irrisoria al comienzo de la guerra. Fue gracias al secretario de Marina confederado Stephen Mallory que la costa del Sur pudo resistir los bombardeos del Norte durante tanto tiempo. Tras el estallido del conflicto, Mallory encargó la construcción de nuevos buques de guerra, envió agentes a países extranjeros para intentar comprar barcos y marineros para tripularlos, e incluso pagó a los lugareños que poseían barcos para equiparlos y dejarlos listos para la guerra. Durante la mayor parte de la guerra, el esfuerzo marítimo confederado se concentró en interrumpir el comercio marítimo de la Unión, siendo los asaltantes sureños con barcos más pequeños y rápidos una espina clavada en el costado de la Unión.

Una característica importante de la guerra naval durante la guerra de Secesión es que coincidió con el desarrollo de la tecnología militar marítima, que permitió la aparición de nuevos diseños de barcos más resistentes y eficaces a mediados de la década de 1850. Las nuevas máquinas de vapor hicieron que los viajes navales fueran mucho más fáciles y rápidos. Además, el buque de guerra tipo «acorazado» es quizá uno de los inventos más influyentes del siglo XIX, caracterizado por el uso de casamatas de hierro reforzadas, que protegían el cuerpo (el casco) del barco. Se convirtieron en el tipo de buque de guerra más destacado en la guerra de Secesión e incluso se utilizaron en otras partes del mundo, ya que dominaban los mares y eran capaces de superar a los barcos más antiguos con casco de madera.

Los acorazados fueron utilizados por ambos bandos en la primera batalla naval de la guerra de Secesión, el 9 de marzo de 1862, en Hampton Roads, Virginia, donde los confederados, con el acorazado norteño robado *Virginia*, fueron capaces de diezmar los buques de guerra de madera de la Unión antes de la llegada de un acorazado de la Unión, *Monitor*. La fuerza de los acorazados quedó demostrada a lo largo de toda la batalla, especialmente cuando el *Virginia* consiguió mantener a raya a toda una flota de buques de guerra de madera mientras sufría golpes insignificantes.

Además de la guerra costera en alta mar, una parte importante del ejército de la Unión también operaba en el río Misisipi, lo que permitía desplegar acorazados de menor tamaño y utilizarlos como apoyo adicional al ejército que operaba en el campo de batalla. La amplia cuenca del Misisipi facilitaba y hacía más eficiente el transporte por barco, sobre todo teniendo en cuenta la importancia que el Norte concedía al control de la cuenca. Sin embargo, hacerse con el control del curso superior del río no sería suficiente para alcanzar el objetivo previsto por el Plan Anaconda. Para mantener con éxito el dominio en el Trans-Misisipi y separar el oeste de la Confederación del este, el alto mando de la Unión sabía que la captura de la ciudad de Nueva Orleans era fundamental.

Nueva Orleans llevaba décadas siendo una de las ciudades más grandes y de mayor crecimiento del país cuando estalló la guerra. Era la única ciudad del Sur con más de 100.000 habitantes y el centro del comercio de esclavos del Sur. Además, estaba situada en el extremo inferior del río Misisipí y constituía una puerta de entrada al golfo de México y, por tanto, al océano Atlántico. En resumen, Nueva Orleans era una de las ciudades más importantes que los confederados tenían en su poder al comienzo de la guerra de Secesión, pues no solo tenía una importancia material, sino también una inmensa importancia simbólica, algo de lo que se había dado buena cuenta el alto mando de la Unión.

Sin embargo, nunca se pensó en llegar a Nueva Orleans por tierra, a pesar de que el Ejército de la Unión había cosechado éxitos bastante importantes en su campaña del Trans-Misisipi. Lo más sensato era encargar a la armada llegar a Nueva Orleans desde el mar y establecer un control temporal sobre ella antes de que el ejército pudiera alcanzarla. Era un objetivo primordial, incluso obvio, pero resultó que no estaba tan bien defendida como debería.

En enero de 1862, una vez que la guerra ya estaba en marcha, pero antes de que pudiera comenzar realmente en el Trans-Misisipi, el alto mando de la Unión puso al capitán David Farragut al mando de la Escuadra de Bloqueo del golfo occidental, formada por cuatro buques de guerra pesados, una docena y media de lanchas cañoneras más pequeñas y veinte lanchas de mortero. Farragut recibió el encargo de tomar Nueva Orleans, algo que cumplió a la perfección. Tras navegar hasta la entrada de la ciudad desde el sur, se topó con dos fortificaciones en el Misisipi: Fort Jackson y Fort St. Philip, ambos firmemente construidos y que albergaban artillería confederada. Estaban situados en cada orilla del río, con una barrera submarina —una fuerte cadena diseñada para impedir que los barcos entraran en puntos estrechos— extendida entre ambos.

Tras llegar a la ciudad el 16 de abril, Farragut tuvo que luchar durante una semana para romper las defensas de los fuertes, así como una flota relativamente pequeña que defendía la ciudad. El general de división confederado Mansfield Lovell, que estaba al mando de los hombres de Nueva Orleans, se vio obligado a evacuar la ciudad, sabiendo que el resto de las defensas no estaban diseñadas para resistir un asalto anfibio y que la flota de la Unión pronto sería reforzada por el ejército. Así pues, cargó los suministros que pudo reunir y huyó a Camp Moore y Vicksburg para establecer una última resistencia confederada en el oeste. El capitán Farragut no encontró más resistencia y los fuertes se rindieron el 28 de abril. Había capturado Nueva Orleans, una preciada posesión de la Confederación, una ciudad que encarnaba el espíritu del Sur, asestando un duro golpe al esfuerzo bélico confederado en el oeste. El 1 de mayo, regimientos del ejército de la Unión llegaron a Nueva Orleans y ocuparon pacíficamente la ciudad.

Sin embargo, la lucha por el Trans-Misisipi aún no había terminado.

Capítulo 9 - La guerra en 1863

Después de casi dos años desde la secesión de los siete estados del Sur profundo, la subsiguiente formación de la Confederación y los sangrientos combates entre los dos bandos, nadie estaba todavía seguro de quién tenía la sartén por el mango en la guerra. El enfoque más agresivo de Lincoln hacia la guerra de Secesión, provocado por su creencia de que tenía todo el derecho a proteger la unidad de la Unión, se había visto frustrado con cierta eficacia en Virginia, donde se había desarrollado hasta entonces la mayor parte de los combates. Los dos bandos habían entrado en un punto muerto, sin que ninguno de ellos hubiera asumido una posición ventajosa. En el Trans-Misisipi, sin embargo, las fuerzas de la Unión debilitaron significativamente la oposición confederada, habiéndola hecho retroceder desde Kentucky y Tennessee. Habían capturado Nueva Orleans y conseguido lo que se pretendía desde el principio del conflicto: el control del río y la separación entre las partes oriental y occidental de la Confederación.

La campaña de Vicksburg

Una vez tomado el control del Bajo Misisipi con la captura de Nueva Orleans, un último lugar que la Unión necesitaba cimentar era su dominio sobre la ciudad de Vicksburg, a la que a veces se denominaba el «Gibraltar del oeste» debido al importante papel de «conductor» que desempeñaba en el río. Era otra preciada posesión de los confederados. Y con la desaparición de Nueva Orleans y el éxito de las tropas de la Unión en los estados fronterizos de Misuri y Kentucky, Vicksburg seguía siendo el único punto de conexión importante entre los estados confederados occidentales y orientales. Por esta razón, fue fuertemente fortificada y guarnecida, y las defensas fueron realmente capaces de mantener a raya a las fuerzas de la Unión, que habían puesto sus ojos en la ciudad a finales de diciembre de 1862.

Los primeros esfuerzos por capturar Vicksburg habían resultado ineficaces. Ulysses S. Grant, que lideraba el principal contingente de las fuerzas de la Unión en tierra y contaba con el apoyo marítimo del almirante Farragut, intentó salvar la situación intentando tomar la ciudad durante las Expediciones a los *bayou* a principios de 1863. Sin embargo, estas expediciones no consiguieron avanzar lo suficiente como para dar al Norte una ventaja sobre los defensores. Frustrado, Grant decidió finalmente lanzar una última ofensiva sobre Vicksburg, que implicaba una audaz maniobra consistente en cruzar la orilla oriental del Misisipi, donde se encontraba la ciudad, hacia su flanco sur mientras era apoyado por las cañoneras de la Unión que pasarían la ciudad río abajo. El plan era arriesgado porque una vez que las cañoneras al mando del almirante David Dixon Porter pasaran la ciudad y proporcionaran apoyo de artillería, necesitarían tiempo para remontar el río y reforzar a Grant y sus hombres, dejándolos potencialmente indefensos.

A finales de abril de 1863, Grant desembarcó al sur de Vicksburg, en Bruinsburg, Misisipi, continuando su avance hacia el este con unos 30.000 hombres y superando una resistencia confederada relativamente pequeña en Port Gibson, Raymond y luego Jackson —la capital de Misisipi—, todo ello en apenas dos semanas. A mediados de mayo, Grant había tomado el control de Jackson e impedido que las fuerzas confederadas se unieran al resto del ejército en Vicksburg. A continuación, giró hacia el oeste para acercarse finalmente a la ciudad, logrando aún más victorias en escaramuzas en Champion Hill y Big Black River Bridge hasta llegar a Vicksburg el 18 de mayo. Por fin estaba a poca distancia de Vicksburg, pero en lugar de avanzar de inmediato con un asalto, Grant esperó un par de semanas, rodeando la ciudad para asegurarse de que se quedara sin suministros. Finalmente, consiguió más refuerzos, casi doblando sus efectivos, mientras que el comandante confederado John C. Pemberton, dentro de la ciudad, perdía lentamente a sus hombres debido al desgaste y la deserción.

Vicksburg se rindió el 4 de julio de 1863, y las fuerzas de la Unión tomaron finalmente el control de todo el río Misisipi en las semanas siguientes, dando al presidente Lincoln un suspiro de alivio y cambiando el curso de la guerra una vez más a favor de la Unión.

Oposición antibélica en el Norte

Cuando llegó el año 1863, el presidente Lincoln no tenía nada de qué preocuparse en lo que respecta a la guerra de Secesión, al menos sobre el papel. El esfuerzo bélico llevaba unos dos años en marcha, y aunque la Unión no cosechara éxitos significativos contra el Sur en Virginia, la situación era drásticamente distinta en el oeste. A nivel nacional, sin embargo, incluso a simple vista se podía ver que las cosas no estaban tan en orden como a Lincoln le hubiera gustado.

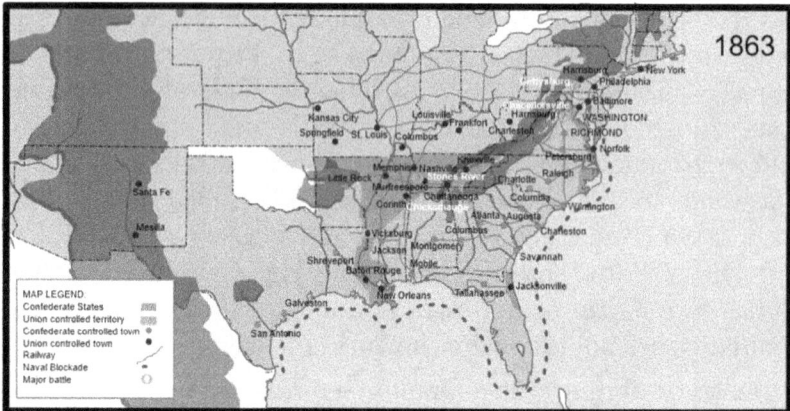

Panorama de la guerra de Secesión estadounidense
Andrei nacu en la Wikipedia en inglés, CC BY-SA 3.0 <http://creativecommons.org/licenses/by-sa/3.0/>, vía Wikimedia Commons, https://commons.wikimedia.org/wiki/File:American_Civil_War_-_Map_Overview_1863.svg

Debido a los ambiguos resultados en Virginia a lo largo del otoño de 1862, así como a la reciente firma de la Proclamación de Emancipación, que había enfurecido a muchos demócratas antiabolicionistas, el presidente se enfrentaba a una grave crisis política. La opinión pública, encabezada por los demócratas que se habían opuesto a la guerra desde el principio, quería resultados decisivos o el fin de todo el asunto. Era muy difícil para Lincoln y su equipo comunicar eficazmente al ciudadano norteño de a pie que las campañas militares, a pesar de no producir una ventaja clara para la Unión en el este, habían tenido éxito en el Trans-Misisipi. Cada vez estaba más claro que Lincoln necesitaba poner orden en su casa si tenía alguna ambición de poner fin a la ya prolongada guerra y obtener la victoria final.

Los demócratas, a los que sus homólogos republicanos llamaban «Copperheads» (cabezas de cobre), lideraban la oposición antibélica. Recibían su nombre de un tipo de serpiente venenosa. Los Copperheads ganaron mucha tracción en la Unión durante el otoño. Habían ganado aún más motivos para protestar con la aprobación de la Proclamación de la Emancipación, pues creían que la liberación de tantos esclavizados perjudicaría al país a largo plazo. Estaban formados principalmente por grupos de tendencia más conservadora que creían que Lincoln y los republicanos violaban a diario la Constitución al ejercer excesivamente sus poderes. Un gran número de ellos eran inmigrantes irlandeses y alemanes que habían sufrido una grave discriminación por parte del público estadounidense, mayoritariamente protestante y, en muchos casos, nativista. Los Copperheads se unieron en torno al principio de «La Unión como era, la Constitución como es», señalando su descontento con la forma en que el presidente Lincoln estaba manejando las cosas, pero también declarando que condenaban la secesión de la Confederación.

Al final, los Copperheads no consiguieron aumentar su número lo suficiente como para plantear graves problemas a Lincoln y su administración, pero protestaron contra casi todas las decisiones que tomó el Congreso a lo largo de la guerra. En las elecciones de mitad de mandato, aunque los republicanos habían perdido algunos escaños, se las arreglaron para obtener una mayoría convincente en los dos órganos legislativos del país y, por tanto, tenían prácticamente libertad para aprobar cualquier nuevo proyecto de ley que apoyaran. Por ejemplo, durante la guerra, el Congreso introdujo un nuevo papel moneda, más barato de fabricar. El papel moneda empezó a sustituir poco a poco a la moneda acuñada, algo que los Copperheads pensaban que iba en contra de la Constitución. Los demócratas contrarios a la guerra también protestaron contra el impuesto sobre la renta, entre otras cosas.

Chancellorsville y Gettysburg

La acción decisiva en el este que la oposición antibélica había estado pidiendo tendría lugar en Virginia en los meses siguientes. Lincoln había nombrado un nuevo comandante para el Ejército del Potomac, «Fighting Joe» Hooker, quien, durante el invierno, había conseguido aumentar el número de sus hombres hasta unos 130.000 efectivos. El ejército del Norte en el este empequeñecía todo lo que los confederados podían ofrecer. En comparación, el general confederado Lee solo disponía de unos 62.000 hombres, y si tenemos en cuenta la serie de carencias de suministros que habían asolado a su ejército durante los dos últimos meses, estaba en seria desventaja.

El escenario estaba preparado para que continuaran las hostilidades una vez que llegara el frío invernal. Tras los decepcionantes resultados de Antietam y Fredericksburg, Lincoln esperaba lograr el éxito en el este para calmar las protestas en casa y demostrar que, a pesar de que la guerra se alargaba más de lo que nadie había previsto, la Unión seguía siendo demasiado fuerte para ser vencida por cualquier cosa que la Confederación pudiera lanzarle.

Hooker inició su campaña de Chancellorsville en la primavera de 1863, con la esperanza de aprovechar su ventaja numérica y asestar un golpe a los confederados en Fredericksburg, cuyo control era vital para permitir el paso seguro de las fuerzas de la Unión por el río Rappahannock. Hooker esperaba realizar una maniobra de flanqueo, pasando el Rappahannock varios kilómetros al noroeste de Fredericksburg, y atacar a las fuerzas confederadas desde la parte occidental de la ciudad. Esta parte de su plan tuvo éxito, ya que el grueso de las fuerzas de la Unión —poco menos de 100.000 hombres— cruzó el cercano río Rapidan y se posicionó en el flanco confederado. Solo una pequeña parte del ejército de la Unión cruzó el río al este de Fredericksburg para distraer al enemigo.

Sin embargo, para su sorpresa, Hooker se encontró con la mayoría de las tropas de Lee, que prácticamente habían abandonado la ciudad para defenderse de las tropas de Hooker que acababan de cruzar el río. Frustrado, Hooker tuvo que ordenar una retirada general hacia el oeste, a los bosques de Chancellorsville, el 1 de mayo de 1863, mientras el resto de las fuerzas de la Unión que permanecían en la parte oriental de Fredericksburg eran contenidas por los confederados. El posicionamiento en Chancellorsville no era el ideal porque la superior artillería de la Unión era inútil en un terreno incómodo y salvaje, ya que bloqueaban su línea de visión. Por si fuera poco, Lee se apresuró a seguir la retirada de la Unión, enviando una parte de sus fuerzas alrededor de la línea principal de Hooker. Al mando de Stonewall Jackson, la fuerza confederada de flanqueo maniobró brillantemente en los bosques de Chancellorsville e irrumpió en la retaguardia de la Unión el 2 de mayo, aunque el comandante Jackson recibió un disparo accidental de sus propios hombres y murió días después.

Tras conocer el éxito de la maniobra de flanqueo, Lee ordenó al resto de sus tropas atacar la primera línea de Hooker, convergiendo por todos los flancos y haciendo retroceder finalmente a las fuerzas de la Unión sobre el río Rappahannock el 6 de mayo. Las tropas de la Unión que habían desembarcado en el lado oriental de Fredericksburg también fueron rechazadas, marcando una victoria confederada decisiva en la batalla de Chancellorsville.

La batalla había tenido un resultado devastador para la Unión, con más de 17.000 bajas frente a las 12.000 de la Confederación. Esta victoria elevó la moral de los confederados por las nubes, y mucha gente de ambos bandos creía que el general Lee era una de las mentes militares más brillantes de la historia de los Estados Unidos. Su acción decisiva y su inteligente estrategia habían dado resultados exitosos para la causa sureña una vez más, mientras que el Norte se quedaba con las manos vacías y decepcionado en un momento crucial de la guerra. Sin embargo, como el tiempo demostraría, la victoria en Chancellorsville quizá provocó un exceso de confianza en Lee, si no entre todo el Ejército Confederado, lo que impulsó al general a embarcarse en una audaz campaña para invadir la Unión por segunda vez.

Lee tardó aproximadamente un mes en prepararse para cruzar el Rappahannock a principios de junio e invadir los territorios de la Unión. En ese momento, las fuerzas de la Unión se habían retirado más al norte para reforzarse y reabastecerse, y el alto mando estaba debatiendo qué hacer a continuación. Los historiadores creen que Lee tomó esta atrevida decisión porque había sobrestimado el sentimiento antibelicista en el Norte. Con una rápida invasión de los estados libres, Lee esperaba desbaratar cualquier plan que pudiera tener la Unión y animar a los Copperheads contrarios a la guerra a presionar por el fin de las hostilidades. Sin embargo, en realidad, los Copperheads representaban la opinión de la minoría. La mayoría de los norteños estaban inspirados y seguros por Lincoln y su administración de que la Unión tenía una posición de mando en la guerra. Creían plenamente en la causa del Norte. Aunque esperaban que la guerra terminara pronto, también estaban decididos a ver derrotado al Sur porque creían que los estados sureños se habían separado injustamente de la Unión. Así, confiando demasiado en las capacidades de sus hombres y contando con varios resultados hipotéticos, Lee marchó hacia el norte, consiguiendo pillar desprevenido al alto mando de la Unión.

Dirigiéndose hacia el noroeste desde Fredericksburg por el valle de Shenandoah, Lee esperaba cercar a sus fuerzas y rodear al grueso de las tropas de la Unión en la costa oriental. Su movimiento fue sutilmente imitado por Hooker y sus tropas, que se situaron a cierta distancia. Estaban lo suficientemente cerca como para entablar combate si era necesario, pero también esperaban un avance más audaz de los confederados para asumir una posición más defensiva. Los dos bandos se enzarzaron en varias escaramuzas durante el avance de Lee a principios de junio, primero en Brandy Station y luego en Winchester, donde los confederados salieron victoriosos y capturaron a unos 4.000 soldados, mientras que ellos solo perdieron 250 soldados.

Lee continuó su marcha hacia el norte, quizá tratando de encontrar un momento y un lugar adecuados para abrirse paso y converger sobre Washington, pero las tropas de la Unión siempre estaban en posición de interceptarlo. Tras más encuentros a pequeña escala entre ambos bandos, Hooker dimitió de su cargo de comandante del Ejército del Potomac tras un desacuerdo con el alto mando sobre la cuestión de los refuerzos adicionales, que no recibió. A finales de junio, sería sustituido por George Gordon Meade.

Para entonces, Lee y los confederados habían cruzado la frontera de Pensilvania. Algunos de sus cuerpos se habían extendido hasta el noreste, hasta Harrisburg, en el río Susquehanna. El estado se vio envuelto en un pánico total después de que Lincoln notificara al gobernador de posibles ataques confederados a ciudades importantes como Filadelfia y Harrisburg. El presidente también solicitó más voluntarios para responder a la inminente amenaza, y se organizaron defensas en las grandes ciudades para contener un ataque confederado hasta que el ejército principal pudiera reforzarlas. Temiendo las intenciones de Lee, el alto mando de la Unión también ordenó a una pequeña fuerza de unos 32.000 hombres al mando del general de división John A. Dix que amenazara la capital confederada de Richmond, que había quedado relativamente indefensa, ya que la gran mayoría de las tropas sureñas estaban con Lee en Pensilvania.

El 30 de junio, tras aproximadamente un mes de persecución de las fuerzas de la Unión al ejército de Lee al norte del Rappahannock, los dos ejércitos principales estaban peligrosamente cerca el uno del otro. Un día después, el 1 de julio, los dos bandos librarían la batalla más famosa de la guerra de Secesión estadounidense cerca de la ciudad de Gettysburg, Pensilvania. Gettysburg actuaba como puerta de entrada para las fuerzas confederadas. Si se hacían con el control de la ciudad, podrían converger sobre Washington desde el norte. Así, los dos ejércitos se encontraron en la escaramuza. Ambos bandos sabían de la importancia de la batalla.

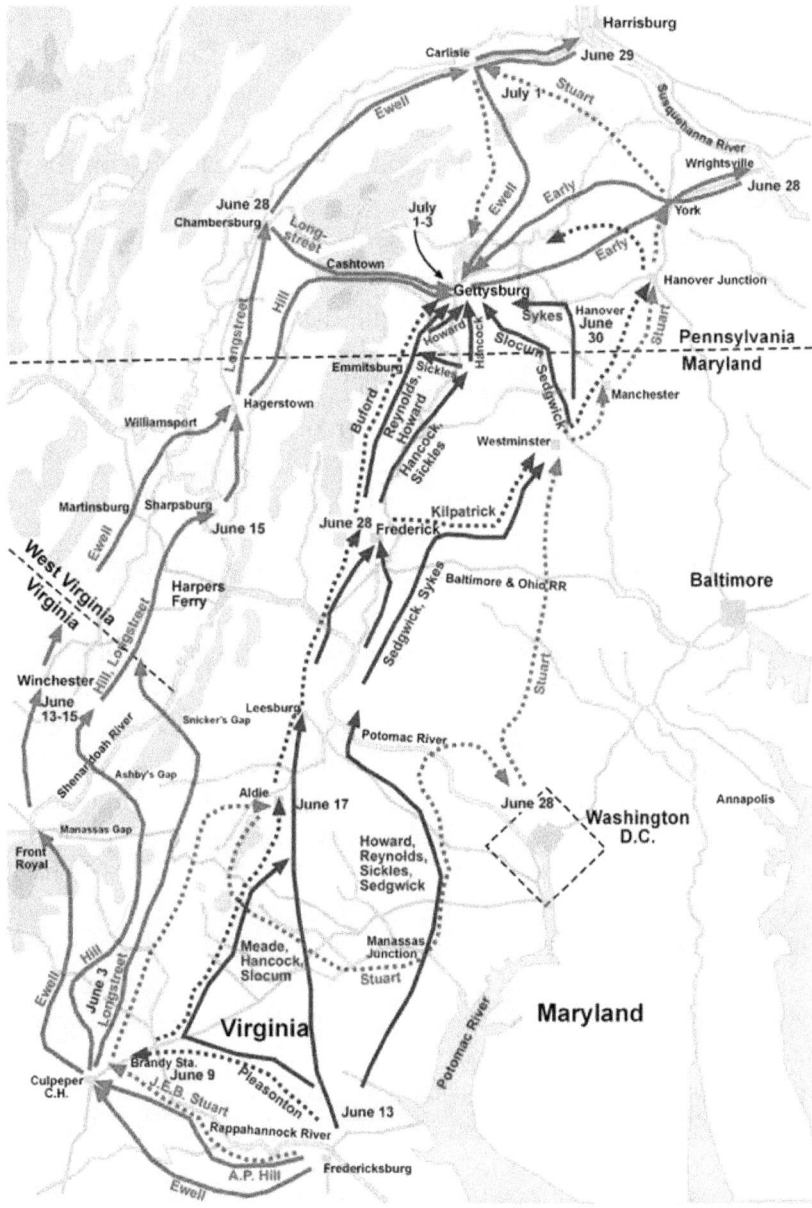

Campaña de Gettysburg
https://commons.wikimedia.org/wiki/File:Gettysburg_Campaign_(original).jpg

El primer día de batalla, una fuerza de no más de 30.000 soldados confederados derrotó a una resistencia de la Unión mucho menor, de unos 18.000 hombres comandados por John F. Reynolds. Tras horas de lucha, las fuerzas de la Unión se dieron cuenta de que estaban siendo desbordadas y se vieron obligadas a retirarse, primero a las calles de la ciudad y luego al emplazamiento defensivo de Cemetery Hill, a las afueras de Gettysburg, en el sur. Allí, las tropas sobrantes de la Unión se reunieron con el grueso del ejército del general Meade y esperaron el avance de los confederados, que ahora habían tomado el control parcial de la ciudad.

El 2 de julio, con ambos ejércitos notablemente reforzados, Meade organizó sus cerca de 95.000 tropas en posición defensiva, aprovechando la altura del terreno, que daba ventaja a la artillería de la Unión. Lee no intentó igualar la primera línea de la Unión, sino que ordenó un ataque concentrado en el flanco izquierdo de Meade. Liderados por el general confederado James Longstreet, los confederados fueron capaces de empujar la línea defensiva de la Unión más atrás, pero no pudieron romper completamente el flanco izquierdo. Meade se apresuró a reorganizar sus defensas para compensar la desventaja numérica en el flanco izquierdo y estableció una nueva línea defensiva. El ataque confederado fue rechazado.

El 3 de julio resultó decisivo para el curso de la batalla. Como la posición defensiva de Meade estaba resultando difícil de quebrar, Lee ordenó a más de 10.000 hombres que cargaran contra el centro izquierdo del frente de la Unión. Se trataba de un ataque total de la infantería, que probablemente podría ir en cualquier dirección. Al mando del general George E. Pickett, este movimiento, que comenzó por la tarde, se conoció como la Carga de Pickett. Aunque los hombres de Meade fueron primero ablandados por la artillería, se sorprendieron de que un contingente tan grande de tropas se abalanzara sobre ellos con bayonetas, sobre todo teniendo en cuenta el hecho de que tenían el terreno elevado. A pesar de que el combate cuerpo a cuerpo se decantó a favor de los confederados, las tropas de la Unión consiguieron mantener sus posiciones. Los soldados confederados parecían haber cargado hacia la muerte. Ya les faltaban centenares cuando alcanzaron al enemigo. Era un espectáculo trágico, hermanos matando a hermanos con lo que encontraban, incluso con sus propias manos.

Finalmente, tras la masacre, Lee suspendió el ataque y se retiró con los hombres que quedaban de la carga mortal. Las tropas en retirada fueron acribilladas sin descanso por la artillería de la Unión, y el Norte finalmente suspiró aliviado cuando los confederados regresaron a sus posiciones.

Los tres días de combate fueron igualmente catastróficos para ambos bandos. El número total de bajas oscila entre 45.000 y 55.000. Tras la retirada confederada a finales del 3 de julio, Lee decidió abandonar Gettysburg y retirarse para asumir una posición defensiva propia, confiando en que Meade seguiría con un contraataque. Sin embargo, el comandante de la Unión, pensando que sus fuerzas estaban agotadas tras tantos combates, optó por mantener su posición, una decisión por la que ha sido criticado tanto por sus contemporáneos como por los historiadores. Aunque las fuerzas de la Unión no estaban en la mejor forma para continuar una campaña a largo plazo, un rápido asalto de seguimiento sobre las tropas restantes de Lee podría haber sellado el acuerdo en términos de la fuerza de los confederados para continuar el esfuerzo de guerra. Aun así, Meade debe ser respetado por no enviar a más de sus hombres a una ofensiva mal preparada, ya que solo habría causado la pérdida de más vidas. En las semanas siguientes, fuerzas más pequeñas de la Unión se aseguraron de que el Ejército Confederado de Virginia del Norte estuviera completamente fuera del territorio norteño y hubiera cruzado la frontera de vuelta a Virginia.

La batalla de Gettysburg es quizás la batalla más conocida de la guerra de Secesión. Sigue siendo la batalla más sangrienta de la guerra y, aunque ambos bandos sufrieron numerosas bajas, se considera una victoria de la Unión. El general Meade fue capaz de defender casi a la perfección la ciudad clave de Gettysburg para que no cayera bajo el control de los confederados, y obligó a Lee y a sus hombres a abandonar su ofensiva sobre los territorios de la Unión. Los acontecimientos que tuvieron lugar en Gettysburg influyeron enormemente en el desarrollo de la guerra. Los confederados tuvieron que sufrir un resultado bastante decepcionante habiendo estado tan cerca de la victoria. El presidente Lincoln, por su parte, pudo finalmente presentar la victoria en Gettysburg no solo como otro valeroso esfuerzo de los soldados de la Unión, sino también como una prueba para la oposición antibelicista de que la guerra iba a favor del Norte. Aunque la guerra aún estaba lejos de terminar, las bajas sufridas por los confederados, entre los que se encontraban muchos soldados veteranos que habían desarrollado enormemente sus habilidades a lo largo de la guerra y diferentes oficiales valiosos que también habían demostrado sus diversas capacidades estratégicas, resultarían imposibles de superar.

La lucha por Tennessee

En el verano de 1863, el impulso de la guerra cambió fuertemente a favor de la Unión. En el este, Meade había logrado hacer retroceder al invasor Ejército Confederado de Virginia del Norte en Gettysburg. Los notables esfuerzos del general Grant y del almirante Farragut llevaron a las fuerzas de la Unión a hacerse con el control del río Misisipi, debilitando aún más a la oposición. Aunque la guerra se había prolongado más de lo que Lincoln había esperado al principio, se habían alcanzado la mayoría de los objetivos originales del Plan Anaconda. La Confederación estaba dividida en dos a lo largo del Misisipi, y el bloqueo naval estaba dando sus frutos. Era evidente que, a medida que pasaba el tiempo, el Sur estaba condenado a quedarse sin recursos para continuar eficazmente el esfuerzo bélico. Sin embargo, a pesar de la falta de recursos, la fuerza y la resistencia de los soldados confederados, motivados por la causa sureña, quedarían demostradas una vez más.

Tras la derrota de los confederados en Gettysburg y la exitosa campaña de Grant en Vicksburg, los combates se desplazarían lentamente hacia el este, desde el Misisipi hasta los territorios confederados centrales. Gracias a los esfuerzos del comandante Rosecrans, la Unión ya había establecido el control sobre Kentucky y la mayor parte de Tennessee, siendo el siguiente objetivo principal la ciudad de Chattanooga, situada en el río Tennessee, al sur del estado. Capturar Chattanooga eliminaría otro centro importante del Sur. También era un conector ferroviario crucial. Era un objetivo natural para el Norte, algo de lo que se había dado cuenta el alto mando confederado, que había encargado al general Bragg la defensa del territorio con más de 40.000 soldados. Tras la infructuosa ofensiva del general Lee, una parte del Ejército Confederado de Virginia del Norte fue transportada a Chattanooga para reforzar a Bragg y asegurarse de que Rosecrans y los federales no lograran atravesarlo. De los tres principales ejércitos de la Unión, Rosecrans tenía el camino más natural hacia la ciudad. Habiéndose encontrado antes con Bragg en Stone River, se le encomendó la tarea de capturar la importante ciudad de Tennessee.

Recién llegado de su éxito en la campaña de Tullahoma, Rosecrans continuó persiguiendo a las tropas confederadas y haciéndolas retroceder hasta el otro lado del río. Sin embargo, Bragg, recién reforzado por los contingentes del ejército de Lee, decidió adoptar un enfoque activo e intentó cortar el paso a los hombres de Rosecrans. Así, tras todo un mes de persecución por el centro y el sur de Tennessee, Bragg se enfrentó al ejército de la Unión al sureste de Chattanooga a mediados de septiembre en un lugar llamado Chickamauga Creek. En una batalla de dos días, gracias a un error de comunicación por parte de la Unión y a que la batalla fue uno de los raros casos en los que los confederados no estaban realmente muy superados en número, Bragg pudo derrotar a Rosecrans y obligarlo a retirarse a Chattanooga, donde el comandante confederado tenía al ejército del Norte casi completamente rodeado. Fue una de las pocas victorias que obtuvo el Sur en la campaña del Oeste, pero aun así infligió graves bajas a ambos bandos: más de 18.000 en el bando de la Confederación y unas 17.000 en el de la Unión.

Rosecrans se encontró ahora atrapado en Chattanooga, asediado por Bragg, quien, a pesar de su victoria anterior, no disponía de recursos suficientes para forzar un combate con las fuerzas de la Unión en la ciudad. Durante las semanas siguientes, Bragg trató de cortar las líneas de suministro de la Unión en Chattanooga, quizá con la esperanza de recibir refuerzos o de que Rosecrans se rindiera. Sin embargo, todo fue en vano. Tras enterarse de la derrota de Rosecrans en Chickamauga Creek y darse cuenta de las posibles consecuencias que podría tener la rendición del ejército, Lincoln encargó rápidamente a los demás comandantes que relevaran al atrapado Rosecrans. En primer lugar, otros 20.000, bajo el mando del general de división «Fighting Joe» Hooker, del Ejército del Potomac, fueron enviados inmediatamente por ferrocarril para reforzar al comandante Rosecrans. Además, Ulysses S. Grant, que también fue nombrado comandante de la recién creada División Militar de la Unión del Misisipi, que incorporaba a todos los ejércitos del teatro de operaciones occidental, se dirigió al este desde Vicksburg a Chattanooga a finales de septiembre. Al llegar a la ciudad de Tennessee el 22 de octubre, Grant estaba decidido a conservar la ciudad y a no renunciar a ella bajo ninguna circunstancia, aunque ello supusiera una lucha encarnizada.

Con la llegada de refuerzos, la balanza de poder se inclinó a favor de la Unión. Grant, quien había asumido el mando de la fuerza unida, superaba ahora al ejército confederado de Bragg en unos 10.000 hombres. Aunque seguía habiendo problemas de suministro, Grant lanzó una ofensiva contra los confederados asediados a finales de noviembre y pudo derrotarlos en las batallas de Orchard Knob y Lookout Mountain. El 25 de noviembre, las fuerzas de la Unión fueron capaces de capturar la estratégicamente importante Missionary Ridge, cerca de Chattanooga, ganando el terreno elevado y obligando a Bragg a emprender una retirada total. Los confederados se retiraron a Chickamauga, donde utilizaron el ferrocarril para huir a Georgia. La lucha por Tennessee había terminado, con la Unión sufriendo unas 5.800 bajas frente a las 6.600 de la Confederación.

Tras hacerse con el control firme de Chattanooga, la Unión despojó a la Confederación de muchos de sus territorios principales. El punto muerto seguía existiendo en el este, ya que las líneas del frente habían cambiado sin consecuencias desde el comienzo de la guerra. Pero gracias a los esfuerzos del general Grant y del resto de las fuerzas que lucharon en el oeste, el Norte controlaba ahora toda la cuenca del Misisipi, los cruciales estados fronterizos de Misuri y Kentucky, y los territorios confederados al este del Misisipi, incluidos los estados de Misisipi, gran parte de Luisiana y Arkansas, y todo Tennessee. Solo los modernos estados del sudeste seguían bajo el control de los confederados, pero allí también existía una miríada de problemas relacionados con el esfuerzo bélico.

Davis y el gobierno sureño desviaron la mayor parte de los recursos del país, desde alimentos hasta ropa, al ejército, dejando a la población sureña trastornada y al borde de la inanición. El Sur también se estaba quedando rápidamente sin hombres, y las nuevas leyes de reclutamiento, que primero exigían que se alistaran todos los hombres capaces de entre 18 y 35 años, se ampliaron más tarde a todos los hombres de entre 17 y 50 años. Esto hizo que los sureños más ricos, que no tenían intención de luchar, contrataran a sustitutos que pudieran servir en su lugar, lo que provocó aún más sentimiento antibélico entre los plebeyos. A menudo llamaban al conflicto «la guerra de los ricos, pero la lucha de los pobres».

Con la economía del Sur hundiéndose, su población muy alterada y la Unión avanzando a paso firme, era solo cuestión de tiempo que el Norte obtuviera una ventaja decisiva y saliera victorioso de la guerra de Secesión, un detalle del que se dieron cuenta ambos bandos a finales de 1863.

Capítulo 10 - Las campañas finales

El año 1863 había demostrado ser el más decisivo de la guerra, con la Unión asumiendo una clara ventaja sobre la Confederación al conseguir importantes victorias en todos los frentes. En el este, el general Meade y el Ejército del Potomac lograron hacer retroceder con éxito la ofensiva confederada en Gettysburg, asestando un golpe catastrófico al esfuerzo bélico sureño y castigando al general confederado Lee por su exceso de confianza y celo para invadir los territorios del Norte. En el oeste, gracias a los esfuerzos de Ulysses S. Grant, la Unión había obtenido una ventaja significativa y logrado el objetivo original de la guerra al dividir al Sur en dos a lo largo del río Misisipi y dificultarle la continuación de la guerra. Después, a pesar de los reveses iniciales en Tennessee y Misisipi, las fuerzas de la Unión consiguieron superar las defensas confederadas y hacerse con el control de algunos de los estados clave del Sur, lo que les dio acceso directo al corazón confederado. Por último, la superioridad de la flota del Norte en el mar y el eficaz bloqueo naval que había mantenido durante gran parte de la guerra habían reducido a polvo la economía sureña y presionado aún más al presidente Jefferson Davis para que ideara una respuesta eficaz.

La campaña de Overland (por tierra)

Después de Chattanooga, ambos bandos no iniciaron inmediatamente ninguna campaña importante, ya que decidieron esperar a pasar el invierno en sus respectivos campamentos y reponer sus pérdidas. El presidente Lincoln se había dado cuenta de los éxitos de Grant y le gustaba por su personalidad resistente y su visión de la guerra. Así que, a principios de 1864, Lincoln nombró a Grant nuevo general en jefe, en sustitución de Halleck. El nuevo general en jefe visitó la capital en la primavera de 1864 para discutir su estrategia y los objetivos previstos para las fuerzas de la Unión. Habiendo dejado el mando de sus fuerzas en el oeste a William Tecumseh Sherman, Grant no asumió él mismo el control directo del Ejército del Potomac, dejando a Meade en su puesto.

Desde el principio, Lincoln y su Gabinete confiaron en Grant para que cumpliera su cometido, y Grant participaría activamente durante el resto de la guerra en todos los acontecimientos militares, lo que le granjeó una gran popularidad entre sus contemporáneos. Con el tiempo, se convertiría en el decimoctavo presidente de los Estados Unidos.

Conscientes de la posición ventajosa de la Unión, Lincoln y Grant esperaban asestar golpes mortales al Sur desde todos los flancos. El Ejército del Potomac iniciaría una ofensiva contra la principal fuerza confederada al mando de Lee e intentaría tomar Richmond. Simultáneamente, el recién nombrado comandante de los ejércitos occidentales, el general de división Sherman, dirigiría a sus hombres hacia Georgia con el objetivo de capturar Atlanta. Al comandante de la Unión Franz Sigel se le encomendó atacar los campos cruciales del valle de Shenandoah. Nathaniel Banks se separaría de Sherman para tomar el control de Alabama. Y, por último, las fuerzas de la Unión al mando de George Crook tenían la tarea de tomar el control de las líneas de suministro confederadas en Virginia Occidental. Juntos, estos ejércitos abrumarían todo lo que el Sur pudiera proporcionar. Era la primera vez en la guerra que las fuerzas de la Unión llevaban a cabo una ofensiva coordinada en todos los frentes. A menudo conocida como la «campaña de Overland, marcó la culminación exitosa del esfuerzo bélico de la Unión.

La campaña de Overland comenzó a principios de mayo, con Grant al frente del Ejército del Potomac sobre el río Rappahannock en Virginia, acercándose a Wilderness Tavern al oeste de Chancellorsville. Lee se percató de los movimientos de Grant y no tardó en reaccionar, enfrentándose al Ejército de la Unión el 5 de mayo. La batalla de la espesura (*Wilderness* en inglés) duró dos días seguidos. Los confederados supieron utilizar el factor sorpresa a su favor e infligieron unas 18.000 bajas a los 110.000 efectivos de Grant (los confederados solo llevaban consigo unos 60.000 hombres). Esta maniobra obligó a Grant a asumir una posición defensiva y ordenó la retirada, a pesar de que el Sur no obtuvo una victoria convincente.

El general de la Unión decidió retirarse de la batalla y lamerse las heridas mientras continuaba su marcha hacia el sudeste. Se encontraría con las fuerzas confederadas en Spotsylvania Court House. Los dos bandos se enfrentaron ferozmente el 7 de mayo con sus regimientos de caballería, intentando ambos ganar una posición más ventajosa para la batalla subsiguiente. En los días siguientes, Lee intentó sin éxito flanquear la primera línea de Grant, aunque parecía que los confederados iban ganando ventaja a pesar de su inferioridad numérica. El 12 de mayo, una ofensiva confederada abrió una pequeña brecha en las defensas de la Unión, pero el general Grant se apresuró a concentrar sus refuerzos en contener el avance mientras maniobraba con el resto de su ejército para crear una nueva línea de frente en el lado oriental del campo de batalla.

Cuando la lucha terminó el 19 de mayo, ninguno de los dos bandos había ganado nada valioso. Aunque Grant sufrió unas 18.000 bajas más en la batalla, disponía de muchos más hombres para continuar su campaña. Los confederados, que no habían perdido más de 20.000 hombres desde el inicio de la ofensiva de Grant, no presionaron, temiendo que más pérdidas fueran perjudiciales a largo plazo.

Tras los sucesos de Spotsylvania, Grant decidió continuar su avance hacia el sudeste, compitiendo con los hombres de Lee hasta la capital confederada de Richmond. Las dos fuerzas reflejaron los movimientos de la otra y lentamente se dirigieron a Richmond, enfrentándose en múltiples ocasiones durante las siguientes semanas. Los confederados fueron capaces de utilizar los ferrocarriles de Virginia, que no eran accesibles a la Unión, para igualar los movimientos de Grant y negarles un acercamiento a Richmond en un par de ocasiones, como en North Anna y Totopotomoy Creek. Lee siempre llegaría primero, obligando a Grant a luchar en condiciones desfavorables. A principios de junio, cuando los combates se habían desplazado más al sur y estaban peligrosamente cerca de la capital, Grant cruzó el río Pamunkey y se enfrentó a los confederados en Cold Harbor, al noreste de Richmond.

Para entonces, Grant había perdido unos 50.000 hombres durante su campaña, pero también había llevado la lucha a Lee y suponía una amenaza real para Richmond. Los confederados en Cold Harbor asumieron posiciones defensivas favorables, habiéndose atrincherado y colocado artillería. Durante dos días, varios ataques de la Unión fueron rechazados por los defensores, que estaban dando una buena batalla a pesar de estar en inferioridad numérica. Entonces, el 3 de junio, Grant ordenó un asalto frontal masivo contra los confederados, un movimiento que ha sido considerado casi suicida por los historiadores. Enfrentándose con sus Cuerpos 2º, 6º y 18º temprano en la niebla de la mañana, las fuerzas de la Unión se vieron obligadas a cargar a través de un terreno difícil. Quedaron atascadas en el barro y los pantanos, lo que las convirtió en un blanco fácil para los atrincherados confederados. Hasta 12.00 hombres de la Unión murieron en la batalla, que fue finalmente retirada por Grant una vez que se dio cuenta de que el Sur no estaba a punto de quebrarse como él esperaba.

Tras verse obligado a abandonar el campo de batalla sin los resultados que esperaba, pero habiendo ablandado a las fuerzas confederadas, Grant decidió continuar su movimiento hacia el sur. Su objetivo era llegar a la ciudad de Petersburg, Virginia, en el río Appomattox. Sin embargo, Lee estaba decidido a enfrentarse a Grant en cada oportunidad que se le presentara. Sus tropas, agotadas por las constantes marchas y combates, seguían reflejando defensivamente a las fuerzas de la Unión e impidiéndoles el acceso a lugares cruciales, entre ellos Petersburgo, que defendían con fiereza. Los confederados contuvieron los ataques de la Unión desde el 9 hasta el 18 de junio en las afueras de la ciudad, sin permitirles tomar el control de Petersburg, lo que cortaría una línea de suministros crucial para Richmond y abriría la capital sureña a una ofensiva de la Unión.

Con más de 8.000 hombres de la Unión perdidos en los encuentros de Petersburg y temiendo que nuevas pérdidas desmoralizaran a sus tropas, que ya habían visto suficiente acción en el transcurso de mayo y junio, Grant decidió conformarse con un largo y agotador asedio de Petersburg a finales de junio. Para entonces, se había dado cuenta de que no podía ganar la partida a Lee, ya que sus intentos de flanquear a los confederados habían resultado ineficaces. Construyendo una larga línea de trincheras sin rodear completamente Petersburgo, Grant asedió al Ejército del Potomac durante nueve meses, a partir de finales de junio de 1864. La campaña de Overland no había dado los resultados que había esperado inicialmente, quizás porque los confederados se dieron cuenta de que ceder terreno cerca de Richmond sería fatal para ellos. Sin embargo, a pesar del esfuerzo relativamente infructuoso de Grant por capturar Richmond, contaba con que los otros ejércitos que operaban en el oeste presionaran a los defensores confederados para que se rindieran.

Hacia el corazón confederado

Mientras Grant intentaba abrirse paso entre las fuerzas de Lee y llegar a Richmond, el comandante Sherman, ahora al mando de los ejércitos occidentales, se acercaba a Atlanta. Con más de 110.000 hombres, las fuerzas de Sherman superaban en número a cualquier resistencia que la Confederación pudiera ofrecer en este teatro de operaciones. El comandante Johnston estaba al mando del ejército confederado en el oeste, pero solo mandaba la mitad de los hombres de los que disponía Sherman, lo que daba al Norte una clara ventaja una vez más.

La campaña para capturar Atlanta se parecía mucho a los esfuerzos de Grant. El Ejército de la Unión marchó hacia el sur desde Chattanooga mientras era igualado por los confederados a cada paso del camino. Después de dirigirse hacia el sur desde Dalton, Georgia, estallaron ligeras escaramuzas entre contingentes de los dos ejércitos a lo largo de principios de mayo en Resaca y Adairsville. Johnston sabía que tenía desventaja numérica y no optó por una lucha a gran escala. Sherman, al igual que Grant, intentaba flanquear a los defensores y a menudo enviaba a gran parte de sus fuerzas en audaces maniobras, pero la paulatina retirada confederada hacía imposible atrapar a los sureños y forzarlos a una batalla cara a cara.

Este constante juego del gato y el ratón no favorecía a ninguno de los dos bandos, pero Sherman seguía avanzando. La situación era tan frustrante que, a finales de junio, después de innumerables incursiones menores de la caballería confederada, Sherman ordenó un asalto frontal masivo en Kennesaw Mountain. Su impaciencia resultó mortal para la Unión, ya que miles de personas cayeron víctimas de las armas de los soldados confederados. Los confederados habían asumido una posición defensiva en una ladera y dispararon a discreción durante la mayor parte de la batalla. Finalmente, Sherman suspendió el ataque y los confederados decidieron retirarse a Atlanta para organizar una última defensa. A pesar de estos contratiempos, las fuerzas de la Unión avanzaron a un ritmo lento y constante.

Tras la batalla de Kennesaw Mountain, el comandante Sherman estaba al alcance de Atlanta y disponía de los hombres necesarios para sitiar la ciudad. El comandante confederado Johnston se dio cuenta de la gravedad de la situación y se puso en contacto con Jefferson Davis para decirle que luchar por Atlanta sería una causa perdida, ya que la Unión era demasiado fuerte para derrotarla por completo. La respuesta de Davis fue justo la que cabía esperar; Johnston fue relevado de su mando y sustituido por John B. Hood, un veterano de la guerra que había luchado en Gettysburg y Chickamauga. Una de sus piernas había sido amputada y su brazo estaba dañado permanentemente tras recibir un disparo. Hood, a diferencia de Johnston, no estaba dispuesto a rendirse y decidió salir de la ciudad y enfrentarse al ejército de Sherman en un par de ocasiones.

El recién nombrado comandante confederado fue incapaz de detener el avance de la Unión, a pesar de presentar una lucha encarnizada en cada una de las batallas, primero en Peachtree Creek, luego en Atlanta, después en Ezra Church y, finalmente, tras ser expulsado de las afueras de la ciudad, en Jonesboro. Sherman consiguió hacerse con el control de Atlanta a finales de agosto, y los confederados se vieron obligados a abandonar la ciudad el 1 de septiembre, solicitando su evacuación. Tras tomar Atlanta, Sherman decidió esperar un poco para dar tiempo a sus hombres a descansar y solucionar los problemas de abastecimiento que había tenido a lo largo de su marcha. Separó a varias de sus tropas y las envió a Nashville para repeler un ataque confederado. Después, Sherman se informó de la situación en los demás teatros de la guerra. Alrededor de un mes y medio después, se embarcó en lo que se ha considerado su «Marcha hacia el Mar».

El 15 de noviembre, Sherman llevó sus fuerzas desde Atlanta hacia el este con un objetivo en mente: alcanzar la costa atlántica de Georgia y arrasar todos los recursos sureños posibles en su camino. Durante su viaje de 37 días desde Atlanta hasta la ciudad de Savannah, Sherman y unos 62.000 soldados de la Unión recorrieron casi 480 kilómetros y destruyeron importantes explotaciones industriales y agrarias de Georgia. Los soldados de la Unión fueron por casi todo, desde granjas hasta ferrocarriles, y se aseguraron de que a uno de los estados más cruciales de la Confederación no le quedara nada que aportar al esfuerzo bélico del Sur. Sus acciones también tuvieron un grave impacto psicológico en la población sureña, que fue testigo de la implacable destrucción de recursos. Aunque Sherman había dado instrucciones a sus soldados de no tocar la propiedad privada a menos que se les provocara, muchos de ellos corrieron desenfrenados ante la posibilidad de demostrar su poder a los ciudadanos sureños de a pie. Cientos de esclavos, al ver que el Ejército de la Unión estaba cerca, huyeron de sus amos y se unieron a las fuerzas.

La Marcha hacia el Mar de Sherman
https://commons.wikimedia.org/wiki/File:F.O.C._Darley_and_Alexander_Hay_Ritchie_-_Sherman%27s_March_to_the_Sea.jpg

La Marcha hacia el Mar se clasifica a menudo como un ejemplo de «guerra total», un enfoque de la guerra que favorece la idea de que uno debe hacer todo lo que esté en su mano para obtener una ventaja sobre el enemigo. Se cree que tanto Sherman como Grant creían firmemente en la guerra total. Aunque al parecer no murieron civiles durante la brutal marcha de Sherman, Georgia sufrió daños irreparables en su economía, y los georgianos odiaban personalmente a Sherman por lo que había hecho al estado. La Marcha hacia el Mar sigue siendo uno de los acontecimientos más terribles de la guerra de Secesión estadounidense y es un gran ejemplo de hasta dónde estaban dispuestos a llegar los dos bandos para obtener ventaja.

La caída de Virginia

Tras arrasar Georgia antes de alcanzar la costa atlántica, Sherman estaba en posición de transferir sus tropas al norte y acercarse a Virginia desde el sur, mientras Grant y el Ejército del Potomac atacaban simultáneamente desde el norte. Esto marcaría la última campaña militar a gran escala de la Unión en la guerra y concluiría el plan original que había sido acordado por Grant, Lincoln y el resto del alto mando de la Unión durante la visita de Grant a Washington. A finales de 1865, la Unión controlaba no solo los estados fronterizos en disputa, sino también grandes partes de Tennessee, Luisiana, Misisipi, Arkansas y Georgia. La Confederación tenía los días contados. Sus territorios estaban divididos, y sus ejércitos se encontraban dispersos en distintas zonas y carecían de recursos.

Al igual que en la Marcha hacia el Mar, Sherman y sus cerca de 60.000 hombres destruyeron todo lo que tenía valor militar a su paso por las Carolinas. Los historiadores sostienen que esta medida no era ni mucho menos tan necesaria como en Georgia y que solo se tomó para tener un mayor efecto psicológico sobre las fuerzas del Sur. Muchos norteños, incluidos los del ejército de Sherman, creían que Carolina del Sur era responsable del inicio del conflicto, ya que había sido el primer estado en separarse de la Unión y había animado a los demás a unirse. Por eso, cuando Sherman empezó a avanzar hacia Columbus, Carolina del Sur, a principios de enero de 1865, ordenó a sus hombres que destruyeran el estado.

Los confederados tenían muchos menos hombres. El Ejército Confederado del Tennessee, maltrecho por los constantes enfrentamientos infructuosos, contaba con menos de 10.000 hombres en la primavera de 1865 y no podía plantar cara a Sherman y su poderosa fuerza de la Unión. A finales del invierno se produjeron varias escaramuzas entre las fuerzas enfrentadas, como la del puente de Rivers a principios de febrero, pero desde el principio quedó claro que los federales eran demasiado fuertes para ser detenidos. El 17 de febrero, Columbus se rindió a Sherman, y la ciudad de Charleston fue evacuada por los sureños. En Columbus, cientos de esclavos y soldados de la Unión capturados fueron liberados, y los hombres de Sherman celebraron espléndidamente su triunfo, algo que provocó un incendio que se extendió por el centro de la ciudad antes de ser contenido, destruyendo gran parte de Columbus en el proceso. Mientras algunos sostienen que el incendio fue accidental, otros afirman que fue un acto de venganza de las tropas de la Unión, un acto para demostrar la superioridad del Norte sobre el Sur.

Sherman avanzó hacia Carolina del Norte, donde libró una serie de batallas contra las fuerzas confederadas durante el mes de marzo. Después de estos encuentros iniciales, la ciudad de Fayetteville fue capturada el 11 de marzo. Tras la batalla de Bentonville, unos diez días después, Sherman había eliminado toda la resistencia confederada en la zona, empujando a los restos del ejército sureño hacia Virginia. Los ejércitos de la Unión estaban ahora a las puertas del sur de Virginia.

Mientras tanto, en Virginia, el asedio de la Unión a Petersburg seguía en marcha. Las fuerzas del Norte habían establecido una línea de frente muy larga, desde la parte sur de Petersburgo hasta Richmond, y superaban en número al enemigo en dos a uno. Querían reducir las fuerzas confederadas. El asedio, que duró nueve meses, resultó muy difícil para el general Lee y sus cerca de 50.000 hombres. Las fuerzas de la Unión habían cortado prácticamente todos los puntos importantes de acceso ferroviario a Richmond y Petersburgo, y las victorias de Sherman en el sur significaban que era solo cuestión de tiempo que Virginia se quedara sin suministros y cayera en manos del Norte. Los confederados no pudieron obtener ninguna ventaja significativa en las escaramuzas que estallaron durante los nueve meses que duró el frente. En su lugar, Grant esperaba lentamente a Lee. Grant no quería comprometer a muchos hombres para asaltar las ciudades, sabiendo que costaría la vida a miles de personas.

En un intento desesperado por hacer retroceder a las fuerzas de la Unión, Lee reunió a la mayoría de sus hombres y les ordenó emprender un ataque concentrado contra uno de los emplazamientos defensivos de la Unión en Fort Stedman. Lee se dio cuenta de que la inacción solo sería firmar su sentencia de muerte, especialmente con las fuerzas de la Unión al mando de Philip Sheridan acercándose lentamente para reforzar el asedio desde el sur. Así, a finales de marzo, confió el mando de unos 10.000 hombres al general de división John B. Gordon y le encomendó intentar romper las defensas de la Unión en Fort Stedman, al sur de Petersburg, lo que, en teoría, daría a las fuerzas confederadas un avance para organizar ofensivas más cohesionadas y quizá incluso recuperar el control de las vías férreas.

Sin embargo, el asalto resultó intrascendente para la causa sureña, ya que los confederados sufrieron unas 4.000 bajas sin lograr nada significativo. El 25 de marzo, al cesar los combates en Fort Stedman, quedó claro para Lee que no tenía ninguna posibilidad. El 1 de abril, las fuerzas de la Unión siguieron a su éxito en Fort Stedman con una victoria completa en la batalla de Five Forks. Los soldados de la Unión estaban listos para converger sobre Petersburg.

El 2 de abril, Lee ordenó una retirada general tanto de Petersburg como de Richmond, evacuando las ciudades y huyendo hacia el suroeste a lo largo del río Appomattox, aunque fue en vano. Grant persiguió a los restos de las fuerzas confederadas durante unos 140 kilómetros, alcanzándolos finalmente en Amelia Court House y cortándoles el único camino para huir.

El 9 de abril, en lo que se convirtió en uno de los acontecimientos más importantes de la historia estadounidense, el general confederado Lee se vio obligado a reunirse con el alto mando de la Unión en Appomattox Court House, donde rindió el Ejército de Virginia del Norte a Grant. Se firmó un alto el fuego preliminar entre ambos bandos, que marcó el principio del fin de la Confederación.

Capítulo 11 - Secuelas

Con la rendición de Lee en Appomattox Court House el 9 de abril de 1865, la Confederación tenía los días contados. Técnicamente, la guerra no había terminado oficialmente, ya que los restos del Ejército Confederado seguían en libertad en varios lugares diferentes.

La guerra termina

Aunque Lee rindió el Ejército de Virginia del Norte a Grant el 9 de abril, la lucha entre los confederados y los federales no cesó de inmediato. Varias fuerzas sureñas más pequeñas seguían dispersas por el país y esperaban oponer una resistencia final a la Unión. Sin embargo, gran parte de los combates posteriores a abril fueron inútiles y no produjeron ningún resultado para la Confederación.

La noticia de la rendición de Lee se extendió por todo Estados Unidos y llegó a oídos del mayor general Johnston, que estaba al mando del Ejército del Tennessee, la segunda fuerza confederada más grande después de la de Lee. Tras la rendición de Lee, unidades de caballería de la Unión del ejército del general Sherman llegaron rápidamente hasta Johnston y le ofrecieron la posibilidad de rendirse, proponiéndole además términos de paz para que se los llevara al presidente Davis. Davis y su gabinete rechazaron el acuerdo propuesto porque pensaban que era demasiado humillante para el Sur y ordenaron a Johnston que montara una última resistencia, una orden que fue inteligentemente rechazada por Johnston, que optó por salvar a sus hombres y se rindió a Sherman a finales de abril.

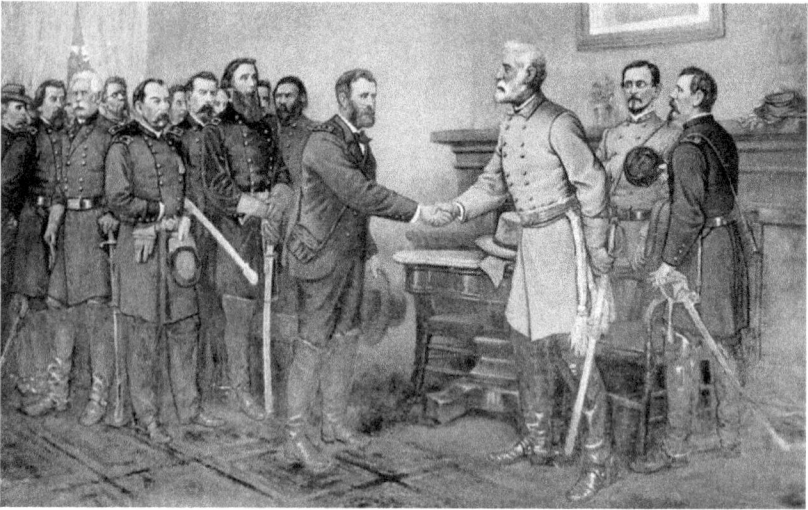

La rendición de Lee
https://commons.wikimedia.org/wiki/File:General_Robert_E._Lee_surrenders_at_Appomattox_Court_House_1865.jpg

Con la firma del acuerdo, todas las tropas de los estados confederados al este del Misisipi se rindieron, y la lucha cesó en gran medida en esta parte del país. Las fuerzas confederadas al mando del teniente general Richard Taylor en Alabama —unos 10.000 hombres se rindieron el 4 de mayo. A esto siguió la captura del presidente Davis en Georgia, cuyo gobierno se había desmoronado ante la victoria de la Unión y había perdido toda legitimidad en abril. Davis había estado huyendo desde la evacuación de Richmond a principios de abril. Desde entonces, había viajado hacia el sur con los restos de su gobierno, intentando eludir a las fuerzas del Norte, pero finalmente se dio cuenta de que su destino estaba sellado. El 9 de mayo, un mes después de la rendición de Lee en Appomattox Court House, Davis y sus hombres fueron capturados por las fuerzas de la Unión, que para entonces sospechaban que había instigado el asesinato del presidente Lincoln un mes antes. Fue trasladado a Fort Monroe, en Virginia, donde pasó los dos años siguientes.

A pesar de estos acontecimientos, la lucha no había cesado al oeste del Misisipi, donde el teniente general confederado Kirby Smith controlaba el último ejército del Sur. Sin embargo, desde la rendición de Lee, su ejército se había ido desintegrando lentamente. Tres días después de la captura de Jefferson Davis, la última batalla terrestre entre la Unión y la Confederación se desarrolló en Texas, donde unos 600 soldados de la Unión al mando del coronel Theodore H. Barrett se enfrentaron a unos 350 sureños al mando del coronel John Ford. Aunque los combates en Texas habían cesado para entonces, el relativamente inexperto Barrett ordenó un asalto a la fuerza confederada y sufrió una ajustada derrota en la batalla del Rancho Palmito. Como se puede imaginar, este enfrentamiento no tuvo consecuencias. El teniente general confederado Smith rindió sus fuerzas el 26 de mayo.

Curiosamente, la última rendición confederada tendría lugar en el actual Oklahoma, que había sido declarado «Territorio indio» durante la guerra de Secesión. Aproximadamente un mes después de la rendición de Smith, el general de brigada confederado Stand Watie —el primer nativo americano que sirvió como comandante en la guerra de Secesión— rindió finalmente sus fuerzas, compuestas en gran parte por combatientes nativos americanos, en Fort Towson.

La guerra de Secesión estadounidense por fin había terminado.

Una nueva era

Mientras las últimas fuerzas confederadas se rendían en todo el país, en el norte se producían importantes acontecimientos.

La Proclamación de Emancipación del presidente Lincoln, que había entrado en vigor el 1 de enero de 1863, había demostrado ser extremadamente eficaz. Como ya hemos comentado, miles de esclavos abandonaron a sus amos y huyeron hacia el norte, uniéndose incluso al Ejército de la Unión en la lucha por su libertad. Esto tuvo efectos catastróficos en la vida económica y social de la Confederación y contribuyó a la victoria del Norte.

Desde 1863, Lincoln había hablado en varias ocasiones de la abolición gradual de la esclavitud en su conjunto, algo que suscitó el debate entre demócratas y republicanos. La esclavitud seguía plenamente vigente en los cuatro estados fronterizos, ya que Lincoln sabía que molestar a estos estados esclavistas con la emancipación los enemistaría con la Unión. Cuando Lincoln se presentó por primera vez a la presidencia, la plataforma de su partido decía claramente que los republicanos se oponían a la expansión de la esclavitud a los nuevos territorios adquiridos por Estados Unidos, no a su completa abolición. Esto fue malinterpretado por el Sur esclavista, que culpó a Lincoln de intentar deliberadamente sabotear sus vidas e imponer la tiranía del Norte. Por una razón similar, muchos demócratas del Norte, que históricamente se habían opuesto a la abolición total de la esclavitud, temían las desventajas materiales que acarrearía para millones de personas. Algunos creían abiertamente que Dios había hecho a los negros intencionadamente inferiores a los blancos. En cualquier caso, la abolición de la esclavitud pasó a ocupar un lugar destacado en la agenda republicana, y ya se habían iniciado consultas dentro del partido para debatir el asunto.

A finales de 1863, el representante James Mitchell Ashley, de Ohio, propuso una nueva enmienda constitucional que pondría fin a la esclavitud en Estados Unidos. Esta propuesta obtuvo un apoyo abrumador del partido. En febrero de 1864, liderada por los esfuerzos de los republicanos abolicionistas radicales Charles Sumner, de Massachusetts, y Thaddeus Stevens, de Pensilvania, se presentó al Senado una enmienda que proponía la abolición permanente de la esclavitud. Dos meses después, en abril de 1864, el Senado aprobó fácilmente la nueva enmienda por 38 votos a favor y 6 en contra, obteniendo la mayoría de dos tercios necesaria. La enmienda se sometía ahora a la votación de la Cámara de Representantes, que necesitaba tres cuartas partes de todos los votos.

En junio, se presentó un nuevo problema para Lincoln y los republicanos: la Cámara rechazó la nueva enmienda, con 93 votos a favor y 65 en contra. Se necesitaban 13 votos más para aprobar la enmienda, y con la abrumadora oposición de los demócratas y las nuevas elecciones presidenciales a la vuelta de la esquina, parecía que el asunto quedaría estancado para siempre.

Lo que siguió a continuación fueron meses de hábiles maniobras políticas por parte de Lincoln y sus colegas para asegurarse de que obtendrían el apoyo suficiente para la enmienda en la Cámara. El primer acontecimiento importante fue la reelección de Lincoln en el otoño de 1864. En su plataforma, declaró que apoyaba la abolición, algo que garantizó su victoria. Tras su reelección y a medida que la Unión ganaba una ventaja demostrable en la guerra, Lincoln imaginó la aprobación de la nueva enmienda constitucional como una garantía de que su lucha contra la esclavitud no sería en vano. Tal vez el presidente temía que la Proclamación de Emancipación, que había aprobado en tiempo de guerra, se considerara injusta o fuera revocada tras el fin de la contienda.

Así, decidido a que la abolición propuesta se añadiera a la Constitución, Lincoln ideó un plan para conseguir el mayor apoyo posible del Congreso, sabiendo que, llegada la primavera de 1865, muchos de los congresistas existentes ya no estarían. Muchos eran «patos cojos», es decir, sus sustitutos ya habían sido elegidos. Lincoln identificó a estos «patos cojos», en su mayoría demócratas, y esperaba convencerlos de que votaran a favor de la enmienda antes de que dejaran sus cargos.

El presidente encomendó esta tarea al secretario de Estado Seward, y este cumplió. En el lapso de tres meses, se puso en contacto con los demócratas salientes y les ofreció garantías en forma de puestos en el gobierno tras su cese a cambio de sus votos. Para entonces, algunos demócratas ya habían declarado públicamente que estaban a favor de la enmienda, algo que facilitó un poco el proceso para Seward. Aun así, Seward, actuando bajo las órdenes directas de Lincoln, sobornó abiertamente a un puñado de demócratas e hizo todo lo posible para que votaran a favor de la enmienda. Aunque la participación del presidente Lincoln en el proceso nunca ha sido realmente identificada, el senador Stevens, autor de la enmienda, declaró: «La mayor medida del siglo XIX fue aprobada por la corrupción con la ayuda y la instigación del hombre más puro de Estados Unidos».

Con prisa por aprobar la enmienda antes del final de la guerra, Lincoln presionó a la Cámara para que votara sobre ella en varias ocasiones. Finalmente, el 31 de enero de 1865, la Cámara se reunió para votar sobre el asunto. La sesión contó con un público inusualmente numeroso, en su mayoría personas de color a las que se había permitido asistir a las sesiones tras la emancipación. En una votación reñida, los republicanos consiguieron 119 votos de los representantes, solo dos más de los que necesitaban para alcanzar una mayoría de dos tercios. Junto con todos los republicanos, votaron a favor 14 demócratas, incluidos los convencidos por Seward. La libertad había triunfado.

La nueva Decimotercera Enmienda se leía: «Ni la esclavitud ni la servidumbre involuntaria, excepto como castigo por un delito por el que la parte haya sido debidamente condenada, existirán dentro de los Estados Unidos o en cualquier lugar sujeto a su jurisdicción». Fue un día histórico para Estados Unidos y el mundo democrático. Los asistentes se regocijaron en el Congreso, con algunos reducidos a lágrimas, y en Washington comenzaron las celebraciones en toda la ciudad. Por fin se había abolido la esclavitud.

El asesinato del presidente Lincoln y la Reconstrucción

Cronológicamente, a la Decimotercera Enmienda le siguieron las victoriosas campañas de la Unión en Georgia, las Carolinas y Virginia. A principios de abril, estaba claro que la guerra terminaría pronto, y todos en el norte respiraron aliviados. El 9 de abril, Lee rindió la mayor fuerza confederada a Grant, iniciando una reacción en cadena que finalmente condujo a la derrota completa de la Confederación. Sin embargo, el presidente Lincoln, el hombre que había diseñado tanto la victoria militar en la guerra de Secesión como quizás el mayor logro de la política estadounidense en el siglo XIX, no vivió lo suficiente para ver el final del conflicto.

El 14 de abril, solo cinco días después de la rendición de Lee, el presidente Lincoln fue asesinado en el Teatro Ford de Washington D. C. Su asesino, un conocido actor llamado John Wilkes Booth, disparó al presidente en la cabeza mientras este asistía a la representación de la obra *Our American Cousin*. El asesinato formaba parte de un plan más amplio de conspiración clandestina para debilitar al Norte en la guerra y conseguir apoyo público para la causa del Sur. Lincoln murió a la mañana siguiente en la casa Peterson, frente al teatro, pero el plan para asesinar al resto de los líderes de la Unión fracasó, ya que el secretario de Estado Seward solo resultó herido y el asesino del vicepresidente Andrew Johnson nunca alcanzó su objetivo.

El asesinato de Abraham Lincoln
https://commons.wikimedia.org/wiki/File:Lincoln_assassination_slide_c1900_-_Restoration.jpg

John Wilkes Booth evadió a las autoridades durante doce días hasta que finalmente fue encontrado y fusilado en Virginia, justo al sur del río Rappahannock. El resto de los conspiradores, que habían ideado un elaborado plan para prolongar la lucha de la Confederación en la guerra, fueron posteriormente capturados y ahorcados.

Mientras Estados Unidos lloraba la muerte de Lincoln, el vicepresidente Andrew Johnson prestó juramento como presidente, apenas unas horas después del fallecimiento de Lincoln. Como decimoséptimo presidente de Estados Unidos, Johnson tenía posiblemente una tarea tan difícil como la de Lincoln: dirigir el país durante el periodo inmediatamente posterior a la guerra, algo que, ante la prematura muerte de Lincoln, parecía aún más difícil.

El periodo de recuperación tras la guerra llegaría a conocerse como la Reconstrucción. De hecho, el gobierno de la Unión había empezado a pensar en la Reconstrucción en 1863, después de que Lincoln aprobara la Proclamación de la Emancipación. Lincoln y su administración propusieron el llamado «Plan del diez por ciento», que proponía la elección de nuevos gobiernos en los estados escindidos si una décima parte de su población juraba lealtad al gobierno federal. Sin embargo, en 1863, el plan no estaba tan desarrollado y, desde luego, no abordaba muchos de los problemas que surgirían una vez que el conflicto llegara efectivamente a su fin. Principalmente, estaba la cuestión de qué hacer exactamente con todos los esclavos liberados después de que la emancipación se hubiera aplicado a todos los territorios. Sin más esclavitud en el país, ¿podían votar los esclavos liberados? ¿Tenían los mismos derechos?

Inmediatamente después de que Johnson llegara a la presidencia, inició la etapa inicial de la Reconstrucción, a menudo denominada Reconstrucción Presidencial, que duró unos dos años. Indultó a la mayoría de los sureños secesionistas, excepto a los que habían ocupado puestos de poder en el gobierno confederado, y les devolvió sus propiedades anteriores a la guerra, excepto a sus antiguos esclavos, por supuesto. A continuación, trazó el plan para la organización de los gobiernos locales en los antiguos estados secesionistas. Johnson exigió que aceptaran la abolición de la esclavitud y rechazaran la secesión. A cambio, derogó su deuda y les dio relativa libertad para formar sus nuevas legislaturas estatales.

Sin embargo, a pesar de estas medidas y de que gran parte de la población sureña eran antiguos esclavos, el sentimiento antinegro había perseverado en el sur. Los estados promulgaron los llamados «Códigos Negros», que eran leyes que obligaban a los esclavos recién liberados a firmar contratos de trabajo con los blancos. En esencia, los Códigos Negros sustituyeron a la esclavitud tradicional en los estados del sur, limitando las opciones sociales y económicas de la población emancipada y obligándola a seguir viviendo en condiciones similares a las que tenían durante la esclavitud.

Las nuevas leyes sureñas provocaron una serie de protestas, incluso en el Congreso, donde los republicanos radicales Stevens y Sumner —dos de los autores de la Decimotercera Enmienda— propusieron que se desmantelaran los gobiernos locales sureños recién creados y se establecieran otros nuevos que respetaran la igualdad de todos los ciudadanos y no trataran a los afroamericanos liberados como esclavos. A pesar de la solidez de su argumento y de que la mayoría de los afroamericanos del sur luchaban bajo los Códigos Negros, el presidente Johnson se opuso a la idea, quizá debido a sus opiniones personales sobre la cuestión racial y a sus creencias sobre los derechos de los estados.

Con el tiempo, especialmente tras las elecciones al Congreso de 1866, los votantes del norte mostraron un apoyo abrumador a las propuestas de los republicanos radicales. La Reconstrucción entró en un nuevo periodo, a menudo denominado Reconstrucción del Congreso. A partir de 1867, los republicanos radicales lideraron el esfuerzo por reorganizar los estados del sur y acabar con la injusticia de la desigualdad que había existido allí durante años. El Congreso aprobó la Decimocuarta Enmienda un año más tarde, una ley crucial que concedía la ciudadanía a casi todos los nacidos en Estados Unidos (con la excepción de las mujeres y los nativos americanos), garantizando que las personas de color eran tan estadounidenses como los blancos. En los años siguientes, a medida que los antiguos estados secesionistas fueron readmitidos gradualmente en la Unión y se les restablecieron todos sus derechos, la Reconstrucción resultó más beneficiosa que en sus dos primeros años, asegurando que la guerra de Secesión había terminado de verdad.

A largo plazo, los republicanos del norte fueron capaces de dirigir los esfuerzos de Reconstrucción y se aseguraron de que la brecha entre el Norte y el Sur se redujera significativamente en todos los aspectos, especialmente en lo referente a la educación. El gobierno federal patrocinó la construcción de escuelas y universidades públicas gratuitas, y también ayudó al sur a reconstruir su economía en torno a la agricultura, que resultó posible mantener, aunque ya no hubiera esclavos para trabajar los campos. Nuevas fábricas manufactureras y ferrocarriles surgieron por todo el antiguo territorio confederado con el objetivo de modernizar todo Estados Unidos lo antes posible. Además, el Sur pronto participó activamente en la política del país, algo que había sido una de las prioridades del gobierno federal para asegurarse de que los sureños no se sintieran marginados. La Decimoquinta Enmienda concedió a los afroamericanos el derecho al voto, una progresión natural tras la emancipación y la ciudadanía. Pronto, cada vez más afroamericanos se involucraron en la política, y algunos incluso fueron elegidos congresistas.

Con el tiempo, los demócratas recuperaron el control en el Sur y aprobaron las tristemente célebres leyes Jim Crow, que también se aprobaron en el Norte. Estas leyes hacían la vida más difícil a los afroamericanos. Por ejemplo, los impuestos de capitación y las pruebas de alfabetización disuadían a los afroamericanos de votar. Esto significaba que los afroamericanos no podían formar parte de jurados ni presentarse a elecciones, lo que prácticamente garantizaba que las cosas no cambiarían pronto.

Al final, la Reconstrucción, aunque defectuosa en algunos aspectos, fue un periodo muy influyente de la historia estadounidense, que duró hasta el año 1877, cuando el Congreso retiró oficialmente el resto de sus tropas de los territorios del Sur. Logró su principal propósito de acabar con el sentimiento secesionista en los estados del sur y hacer que se sintieran parte de la misma nación que el Norte. Por otro lado, los afroamericanos emancipados, aunque formalmente declarados iguales a los ciudadanos blancos, siguieron siendo discriminados durante casi cien años más. No sería hasta el movimiento por los derechos civiles de la década de 1960 cuando la opinión pública estadounidense se ocupó por fin de la privación de derechos que había perseverado en el país durante mucho más tiempo del debido.

Conclusión

La guerra de Secesión estadounidense sigue siendo uno de los acontecimientos más influyentes del siglo XIX. Destaca como uno de los más emblemáticos debido al importante papel que desempeñó en la contribución a la formación de un mundo más democrático y libre. Nadie sabe realmente qué habría ocurrido si la Confederación hubiera salido victoriosa del conflicto. Aunque los historiadores debaten sobre la posibilidad de una victoria sureña, hay que decir que el Sur presentó una batalla mucho mejor de lo que todos esperaban al principio de la guerra. La «causa del Sur», un concepto que podría haber parecido demasiado abstracto para los de afuera, fue considerada como algo por lo que merecía la pena luchar por cada confederado, que, a pesar de estar en inferioridad numérica en casi todas las instancias, creían que no estaban en el lado equivocado de la historia.

La guerra de Secesión es quizá el mejor ejemplo de lo que puede ocurrir en un país dividido debido a diferentes interpretaciones de sus fundamentos. A principios del siglo XIX, cada vez más estadounidenses reconocían que una sociedad construida sobre la práctica de la esclavitud no podía florecer plenamente ni actuar como faro de la democracia en el mundo. La división entre el Norte y el Sur se hizo así cada vez más pronunciada. Los dos bandos se desarrollaron de forma diferente durante décadas, casi hasta el punto de que cada uno era su propio país separado en el momento en que estalló la guerra. Este nivel de polarización resultó fatal para Estados Unidos, un país que aprendió por las malas lo que puede suceder si se evita constantemente un problema. Durante décadas, los políticos estadounidenses intentaron hacer frente a la esclavitud, pero nunca lograron encontrar una solución a largo plazo.

Aun así, los Estados Unidos modernos se forjaron a partir de estos errores, y muchas mejoras significativas fueron el subproducto de la sangrienta guerra que costó la vida a más de un millón de estadounidenses, incluidos ciudadanos inocentes. Las Enmiendas Decimotercera, Decimocuarta y Decimoquinta fueron los primeros pasos hacia un Estados Unidos que garantizara realmente la libertad y la igualdad de todos los pueblos ante la ley, independientemente de su raza. Abraham Lincoln, el hombre que condujo a la Unión a través de una de las épocas más difíciles de la historia de Estados Unidos, es justamente reconocido por sus logros, y no es difícil ver por qué es adorado por casi todo el mundo. Quién sabe cómo habría dirigido el país después de la guerra. ¿De qué otras mejoras habría sido autor de no ser por su prematura muerte?

Como ocurre con todo lo relacionado con la guerra de Secesión, es difícil juzgar el camino que tomó Estados Unidos tras el final de la contienda. Se considera que la época de la Reconstrucción ayudó al país a despolarizarse tras la guerra de Secesión. Muchas de las políticas y la legislación introducidas durante esta época reintegraron al Sur de nuevo en la Unión. El Congreso intentó abordar con justicia el problema de la desigualdad racial con las Enmiendas Decimocuarta y Decimoquinta, pero la discriminación persistió durante casi un siglo, y muchos sostienen que aún continúa en la actualidad. Los años que van desde el final de la Reconstrucción hasta la década de 1960 suelen considerarse uno de los periodos más vergonzosos de la historia de Estados Unidos.

En conclusión, la guerra de Secesión estadounidense fue un conflicto arraigado no solo en las diferencias políticas entre los estados del norte y del sur, sino también en las diferentes culturas y estructuras sociales de ambos bandos. El país se desintegró en la guerra más sangrienta de su historia mientras el resto del mundo vivía un proceso de modernización y rápida industrialización. Al final, triunfó el Norte, liderado por el presidente Abraham Lincoln. Sin embargo, la victoria definitiva de la guerra de Secesión se lograría unos cien años más tarde con el triunfo del movimiento por los derechos civiles.

Vea más libros escritos por Enthralling History

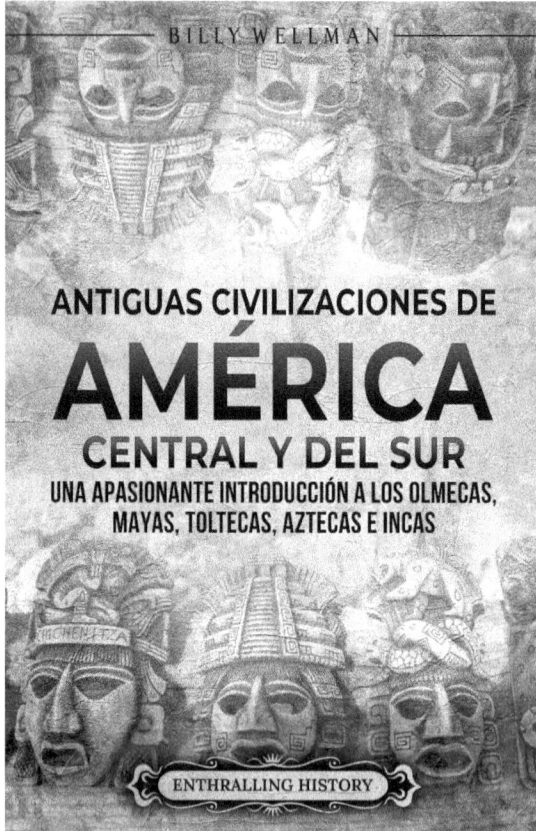

Referencias

1. Arnold, J. R., & Wiener, R. (2011). *American Civil War: The Essential Reference Guide*. ABC-CLIO.

2. Cleland, R. G. (1916). "Jefferson Davis and the Confederate Congress". *The Southwestern Historical Quarterly, 19* (3), 213–231. http://www.jstor.org/stable/30237274.

3. Collier, P., & Hoeffler, A. (1998). "On Economic Causes of Civil War". *Oxford Economic Papers, 50* (4), 563–573. http://www.jstor.org/stable/3488674.

4. Gallagher, C. (2007). "When Did the Confederate States of America Free the Slaves?". *Representations, 98* (1), 53–61. https://doi.org/10.1525/rep.2007.98.1.53.

5. Gienapp, W. E. (1992). "Abraham Lincoln and the Border States". *Journal of the Abraham Lincoln Association, 13*, 13–46. http://www.jstor.org/stable/20148882.

6. Gunderson, G. (1974). "The Origin of the American Civil War". *The Journal of Economic History, 34* (4), 915–950. http://www.jstor.org/stable/2116615.

7. Hassler, W. W. and Weber, Jennifer L. (20 de abril de 2022). *American Civil War. Encyclopedia Britannica.* https://www.britannica.com/event/American-Civil-War.

8. Horwitz, J., & Anderson, C. (2009). "THE CIVIL WAR AND RECONSTRUCTION". In *Guns, Democracy, and the Insurrectionist Idea* (pp. 118–136). University of Michigan Press. https://doi.org/10.2307/j.ctv3znzcm.9.

9. Kingseed, C. C. (2004). *The American Civil War* (Ser. Greenwood guides to historic events, 1500-1900). Greenwood Press.

10. Krug, M. M. (1973). "Lincoln, the Republican Party, and the Emancipation Proclamation". *The History Teacher, 7*(1), 48-61. https://doi.org/10.2307/491202.

11. Peck, G. A. (2007). "Abraham Lincoln and the Triumph of an Antislavery Nationalism". *Journal of the Abraham Lincoln Association, 28*(2), 1-27. http://www.jstor.org/stable/20149114.

12. Reynolds, D. E. (1970). "Union Strategy in Arkansas during the Vicksburg Campaign". *The Arkansas Historical Quarterly, 29*(1), 20-38. https://doi.org/10.2307/40030703.

13. SHEEHAN-DEAN, A. (2011). "The Long Civil War: A Historiography of the Consequences of the Civil War". *The Virginia Magazine of History and Biography, 119*(2), 106-153. http://www.jstor.org/stable/41310737.

14. Sickles, J. (2007). "THE CAPTURE OF JEFFERSON DAVIS". *Military Images, 28*(6), 4-19. http://www.jstor.org/stable/44034528.

15. Surdam, D. G. (1996). "Northern Naval Superiority and the Economics of the American Civil War". *The Journal of Economic History, 56*(2), 473-475. http://www.jstor.org/stable/2123979.

16. Wallenfeldt, J. H. (2012). "The American Civil War and Reconstruction: 1850 to 1890" (1st ed., Ser. Documenting America: The Primary Source Documents of a Nation, vol. 1). Britannica Educational Pub. in association with Rosen Educational Services.

17. Welling, J. C. (1880). "The Emancipation Proclamation". *The North American Review, 130*(279), 163-185. http://www.jstor.org/stable/25100834.

www.ingramcontent.com/pod-product-compliance
Lightning Source LLC
LaVergne TN
LVHW051743080426
835511LV00018B/3206